U0747006

# 吕思勉手稿珍本叢刊

中國古代史札録

27

宗教一

吕思勉 著

# 第二十七册目録

# 宗教一

# 宗教提要

「宗教」一類的札録，原有兩包，分别是「宗教（上）」和「宗教（下）」，其中「宗教（上）」又分五札（第一、第三、第四札内又分六、四、六小札），「宗教（下）」分七札（第七札下又分七小札）。這兩包札録，大部分是先生從《左傳》《國語》《史記》《漢書》《後漢書》等史籍中摘出的資料，也有部分是讀《實事求是齋經義》《癸巳存稿》《陔餘叢考》以及《文化人類學》等書籍的筆記。

吕先生的札録，天頭或紙角上常會寫有分類名稱，如「宗教」「祭祀」「宗廟」等，有些也寫有題頭，如第二〇、二一、二二頁的「宗祠塑像」「忌日奠」「祠堂」等。札録中的資料，或是節録、剪貼史籍的原文，或在題頭下記録史籍的篇名第卷，如第八〇頁「有功者祭於大烝，諸葛亮立廟沔陽非禮」注見《宋書·禮志》「十七13上」（即卷一七第十三頁正面），第八二頁「功臣配享行於宋，其坐板之式」注見《齊書·禮志》「九8下」（即卷九第八頁反面）。也有不少札録先生加有按語，如第一〇一頁録《晉書》資料，加按「此人特長占驗，乃亦自托老子」。其他如第一二三、一五六等頁，都有長短不一的按語。

「宗教」兩包内，還有不少雜誌剪報，此次整理未予收録；札録中的手稿部分，均按原樣影印刊出。

# 宗教

神學。對宇宙人生難問初在神話次第減神話趨理論 宗教
有固著哲學宗教經生難隔哲學未全脫離宗教〻〻 亦藉哲
學解釋列神學出來 其後則有宗教哲學比較宗教學宗教
史等矣

自力與他力。自力解脫者其視人世罪解脫〻可什可以闡發
掃除 他力者投入著編實在界信實存有絕對力

超拜神。那教有超拜神解脫不与神一致什大拜和了神第一
侍信而已 故神与我有相對

差別與平等。汎神論對万物差別為一實在之顯現 故無善惡
惟差別乃有平等一如之稱否則不待言矣 對立程差別

中自有其平等一上此在知其實乃平等一為然即知差別之秩然有序也此汎神論之言也

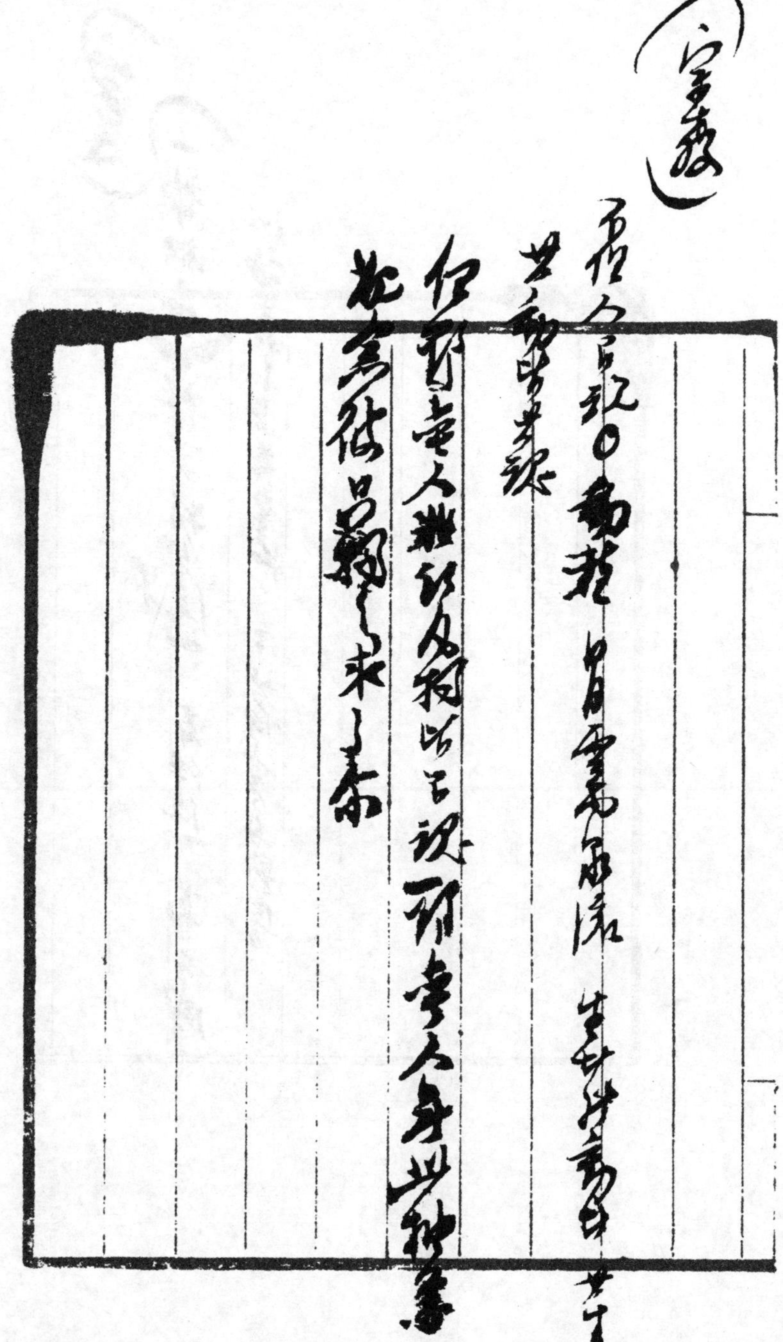

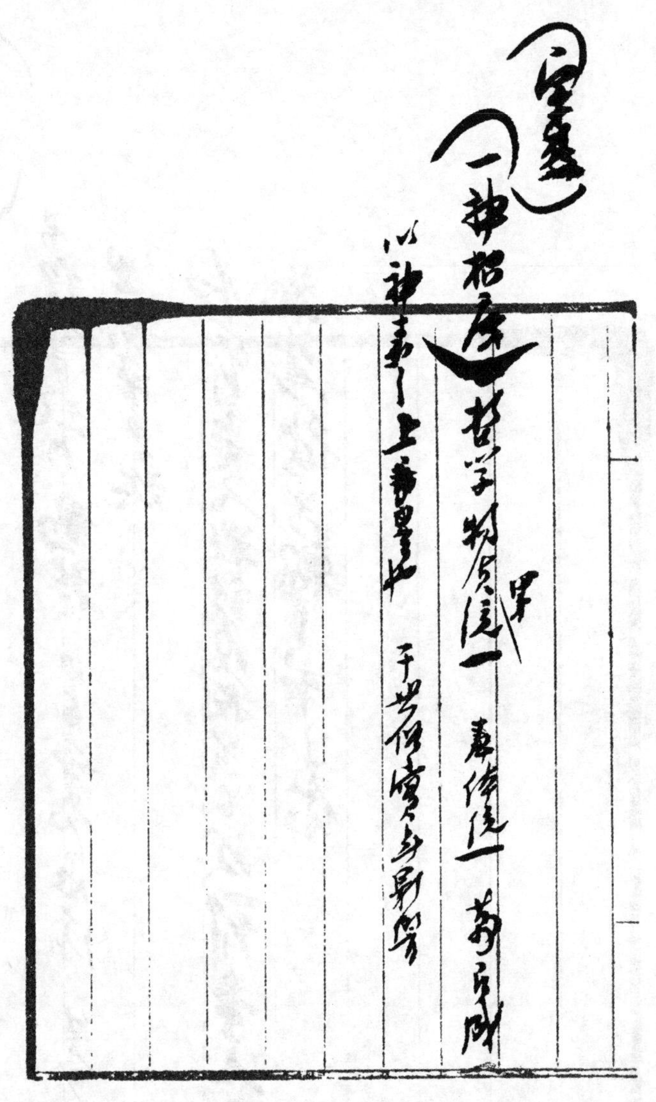

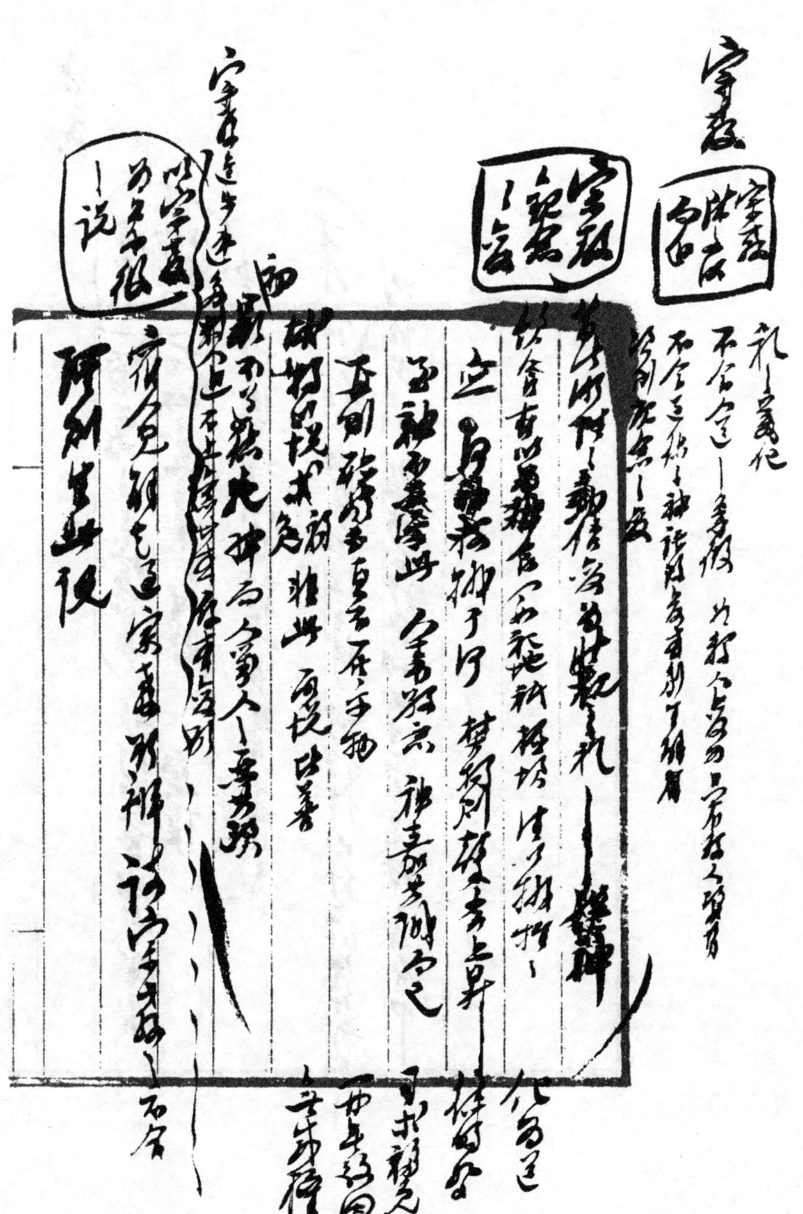

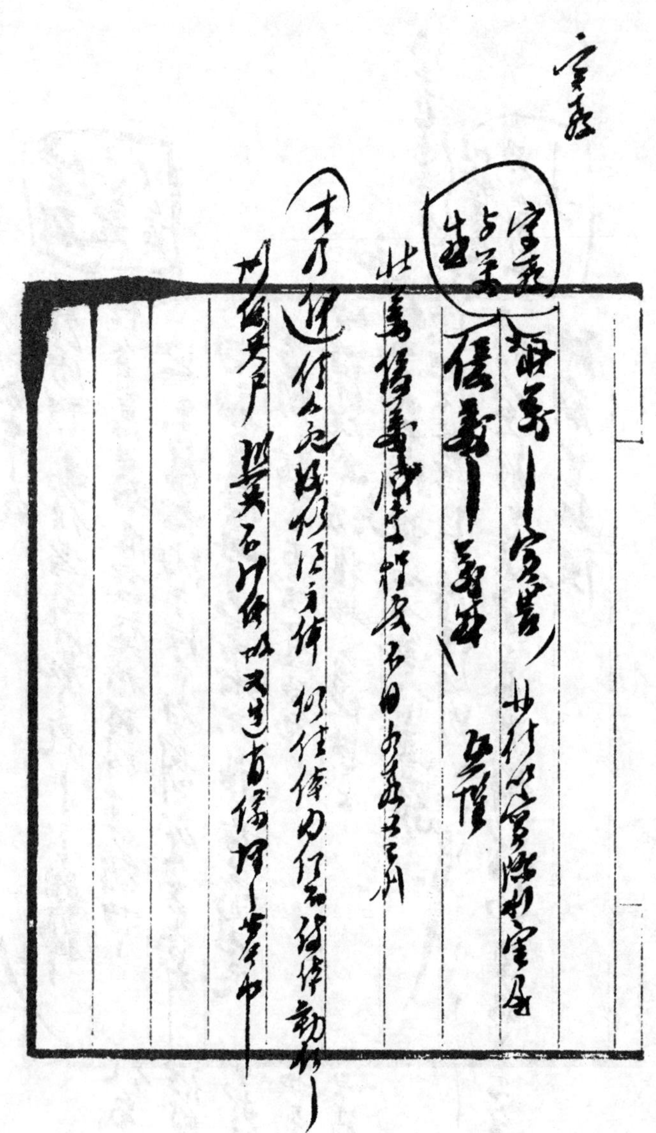

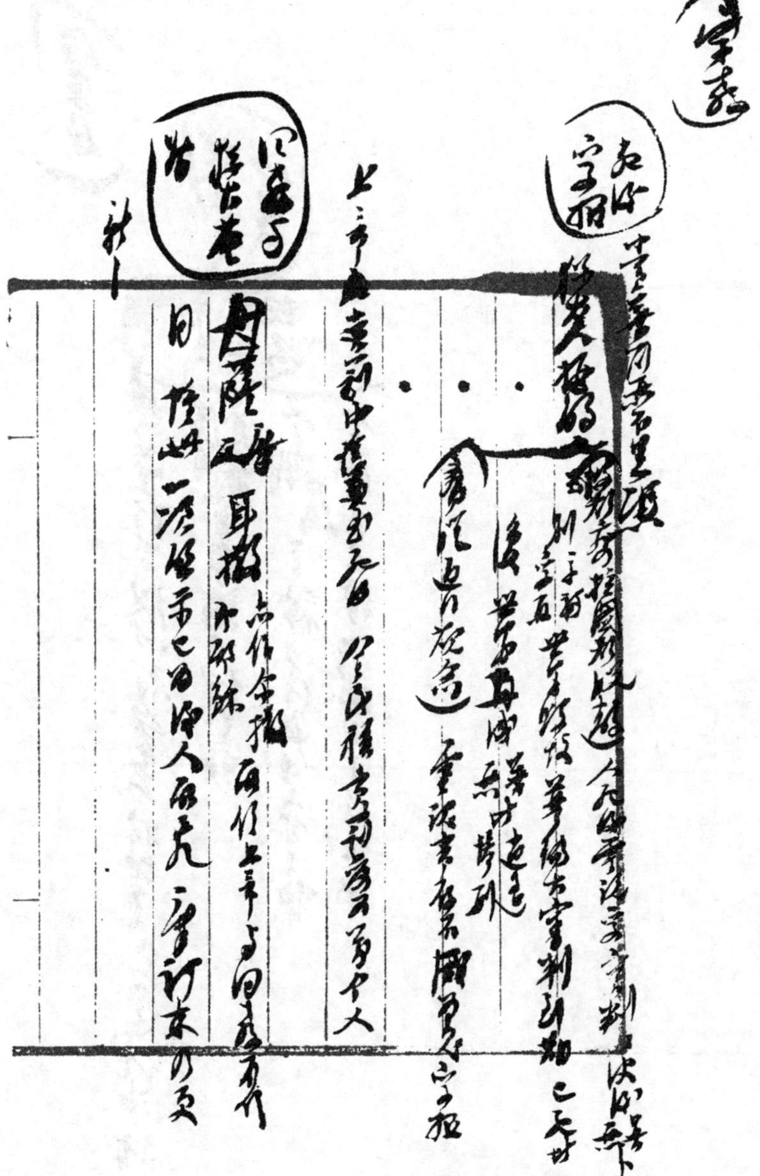

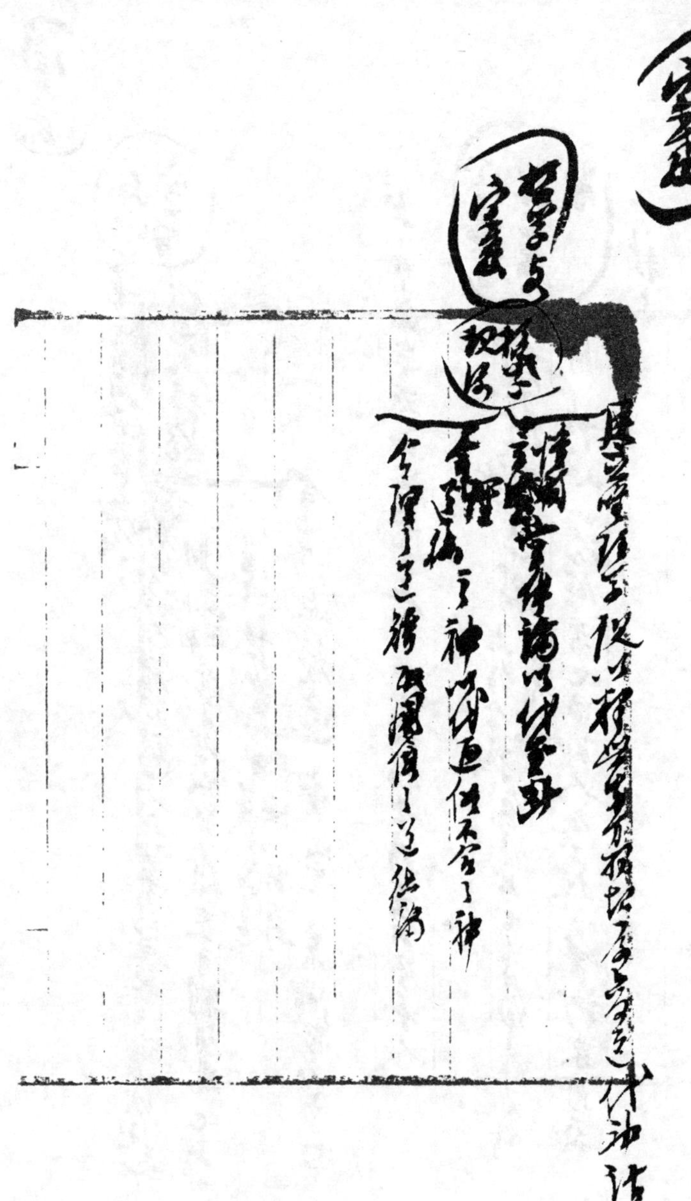

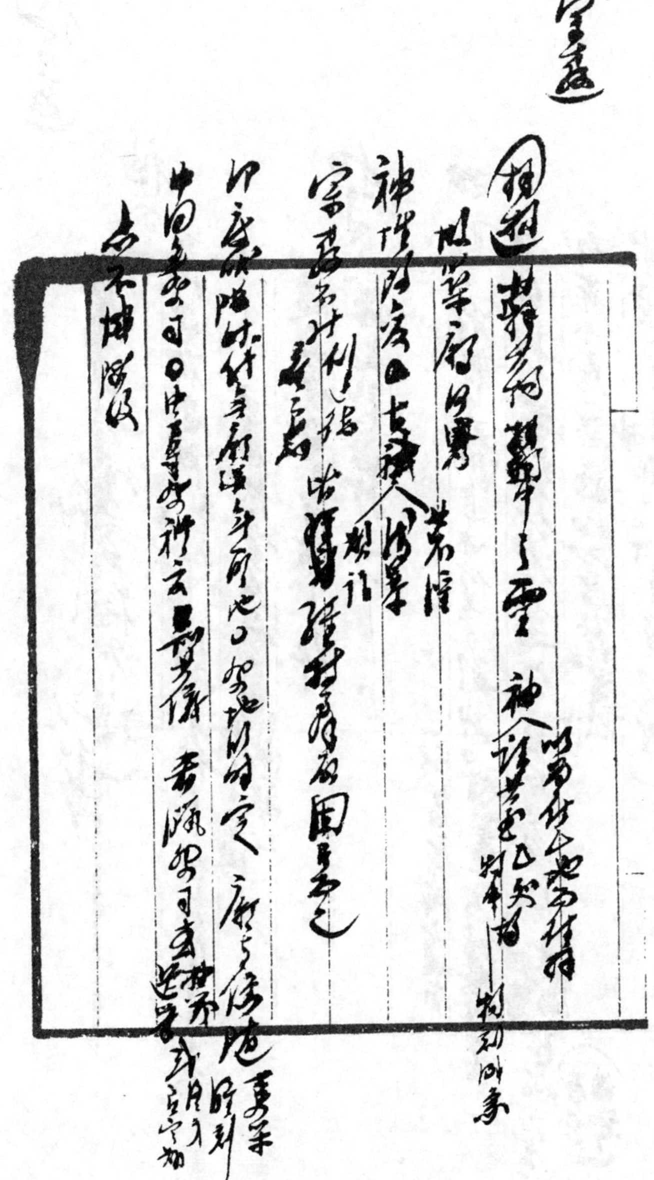

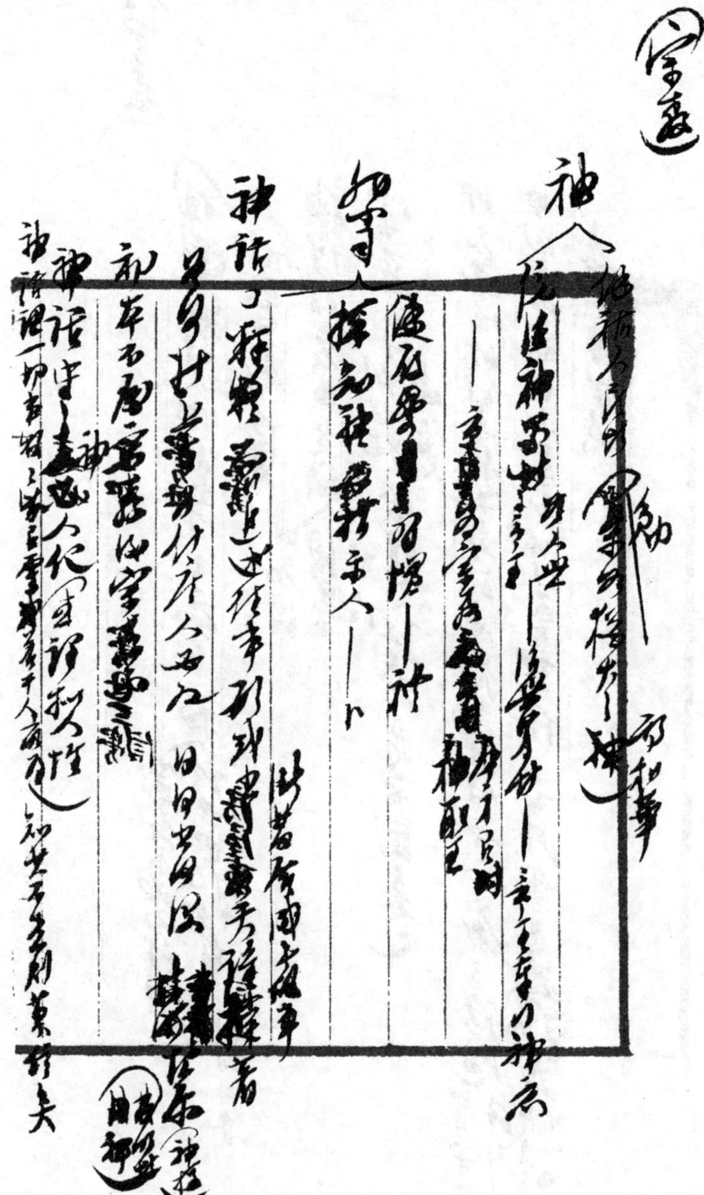

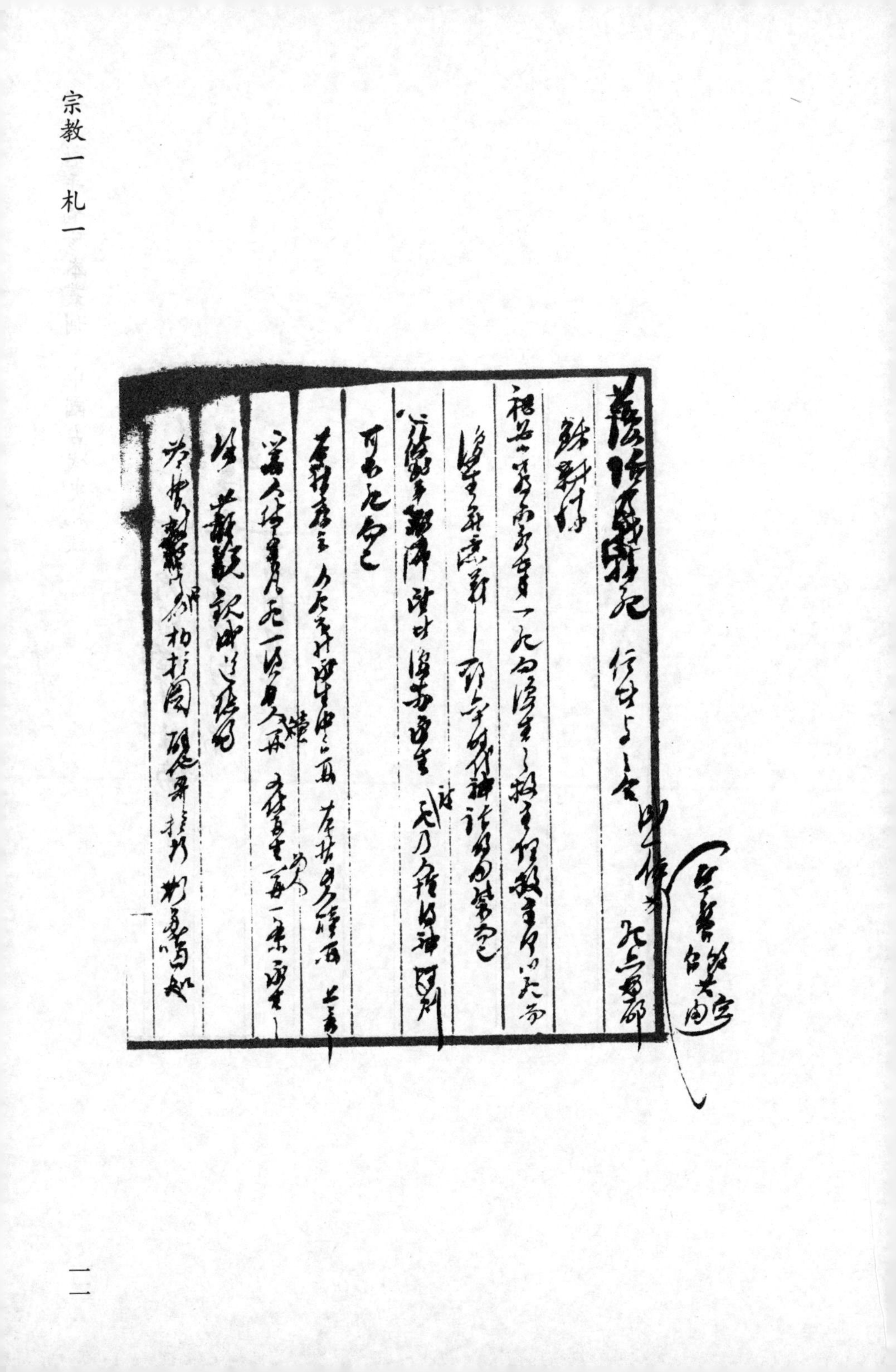

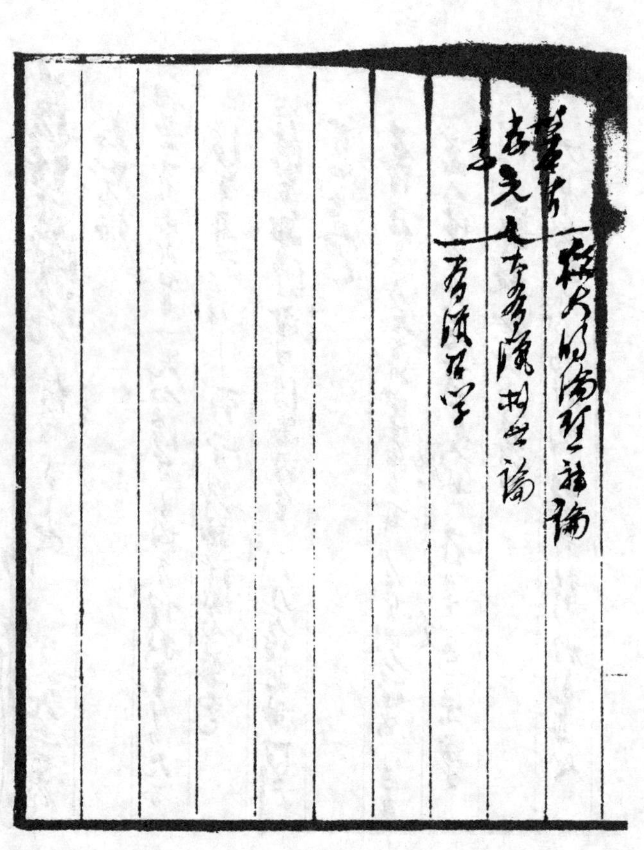

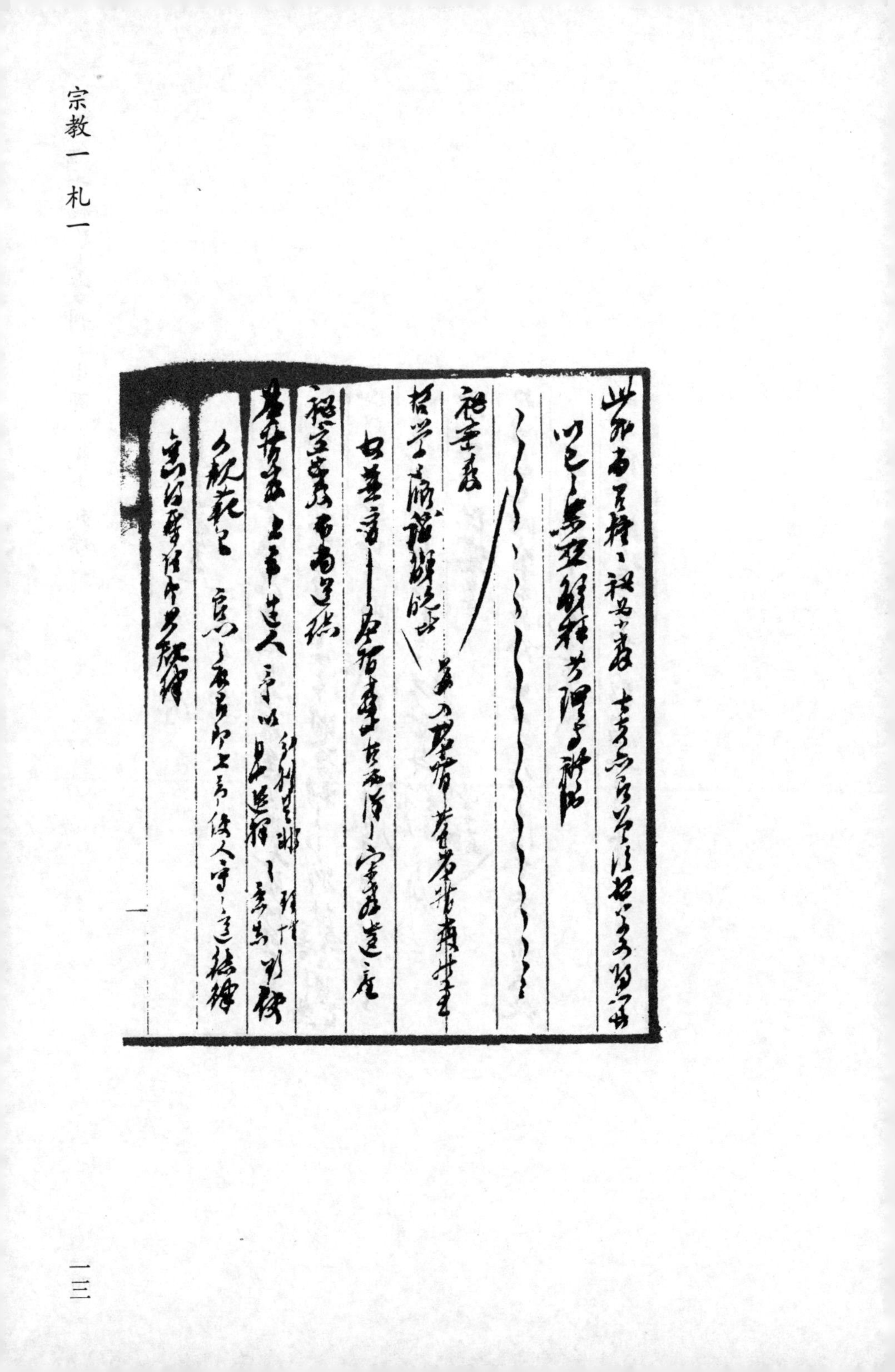

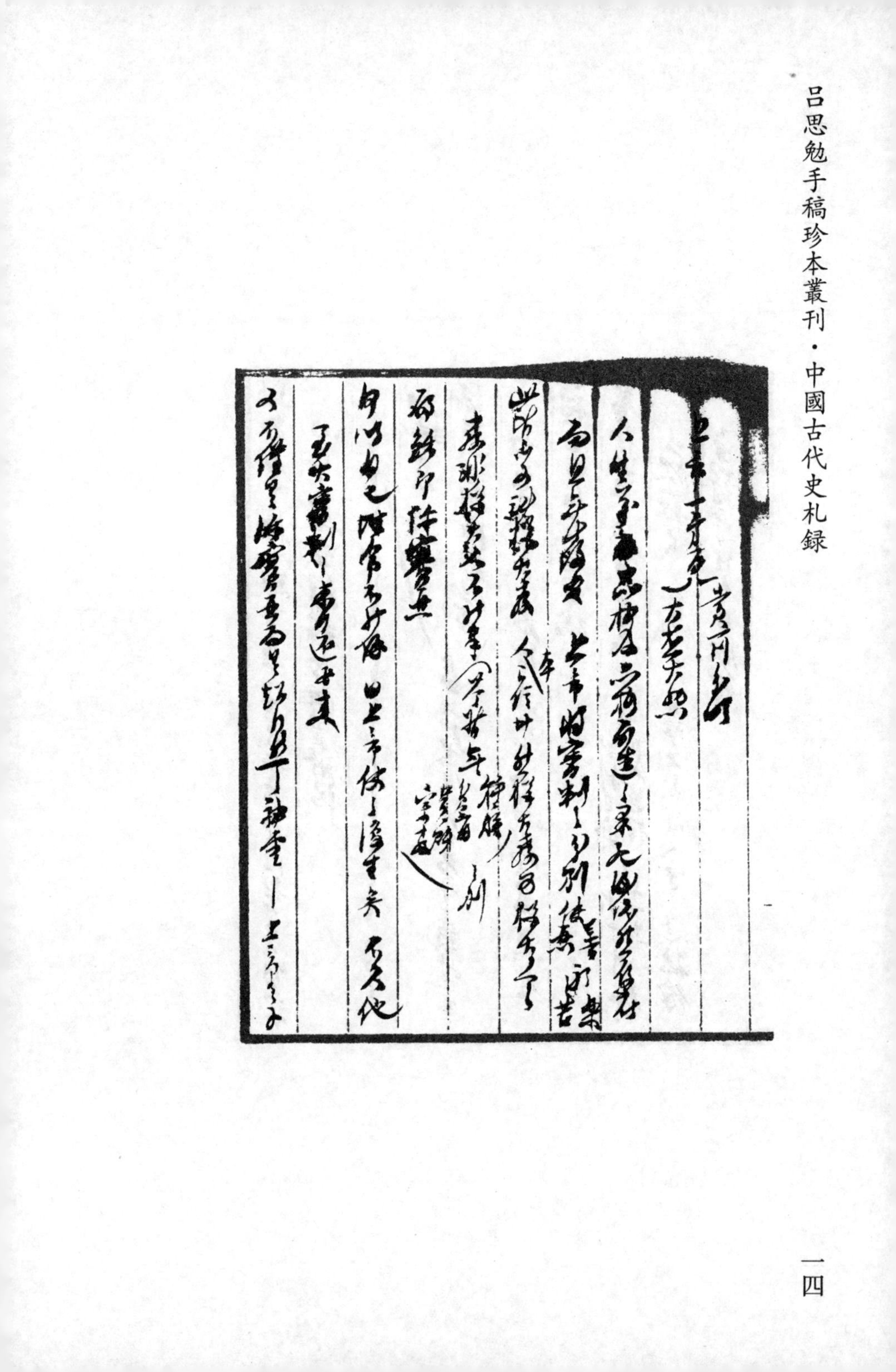

[illegible]

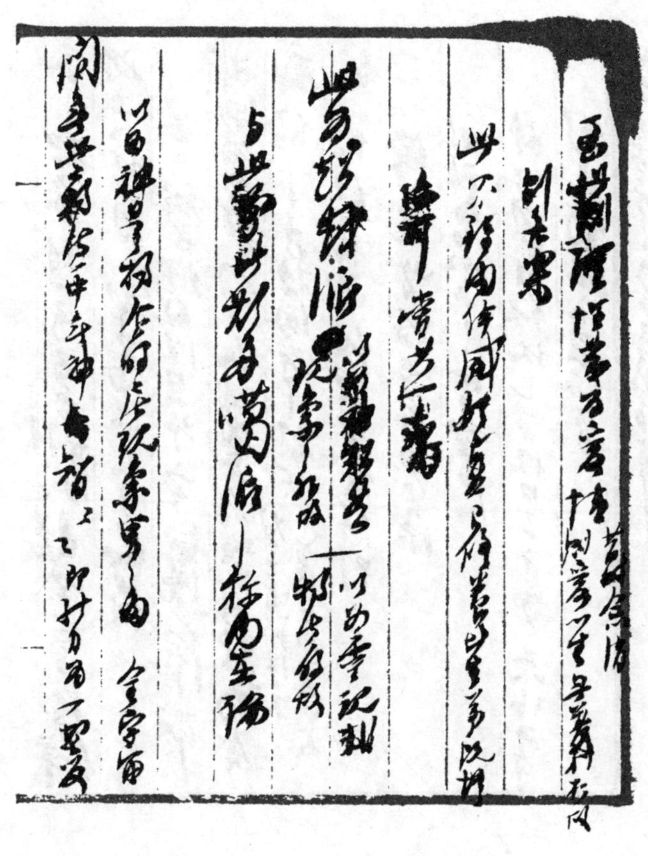

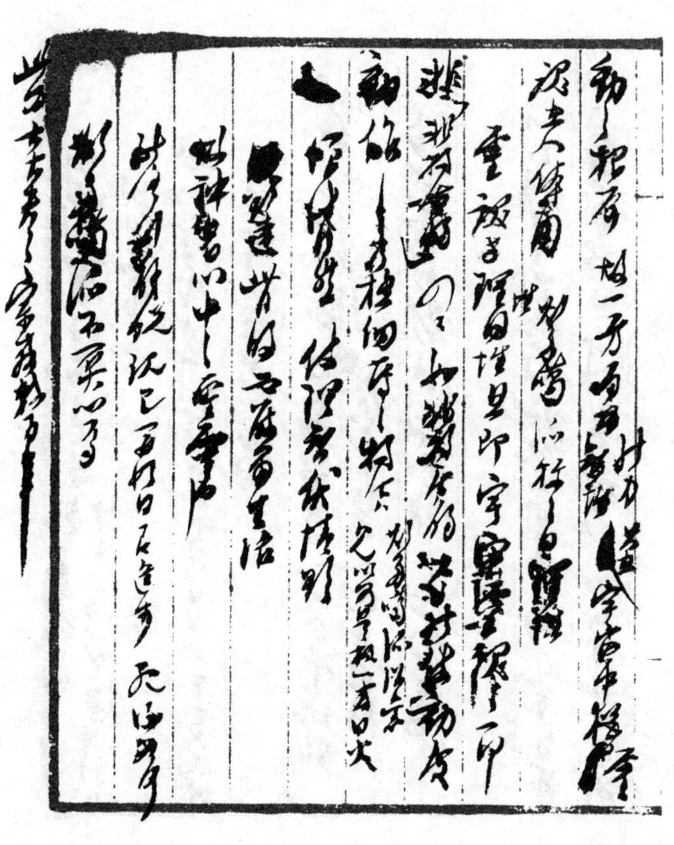

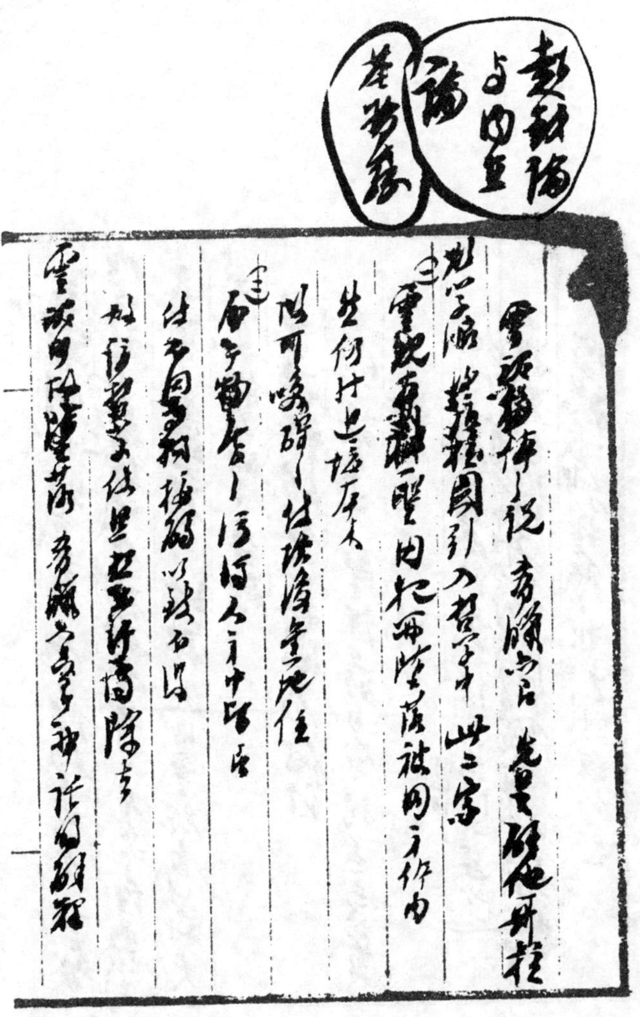

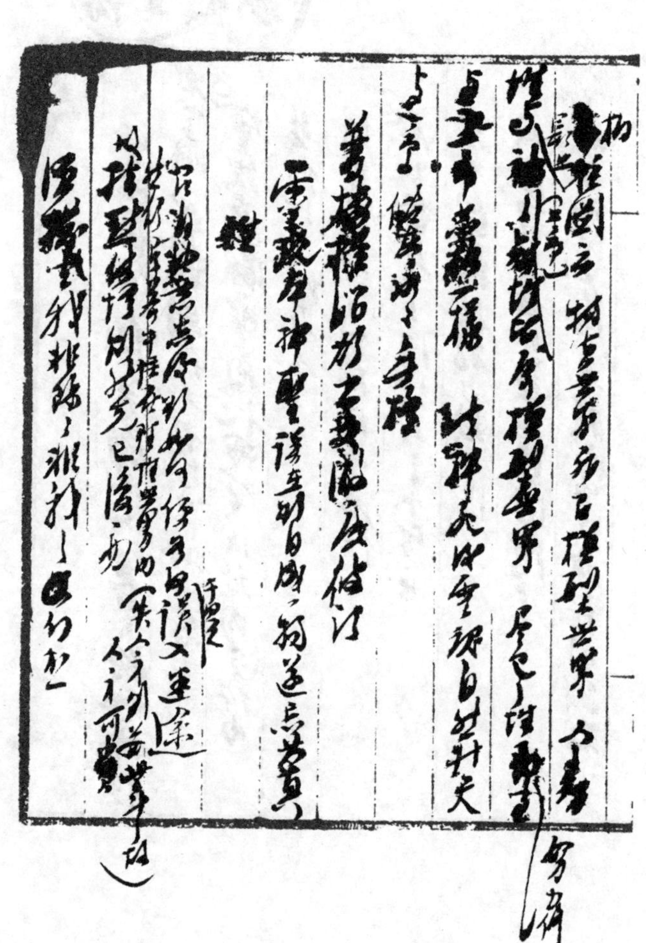

宇初韓傳

韓傳

隱弭

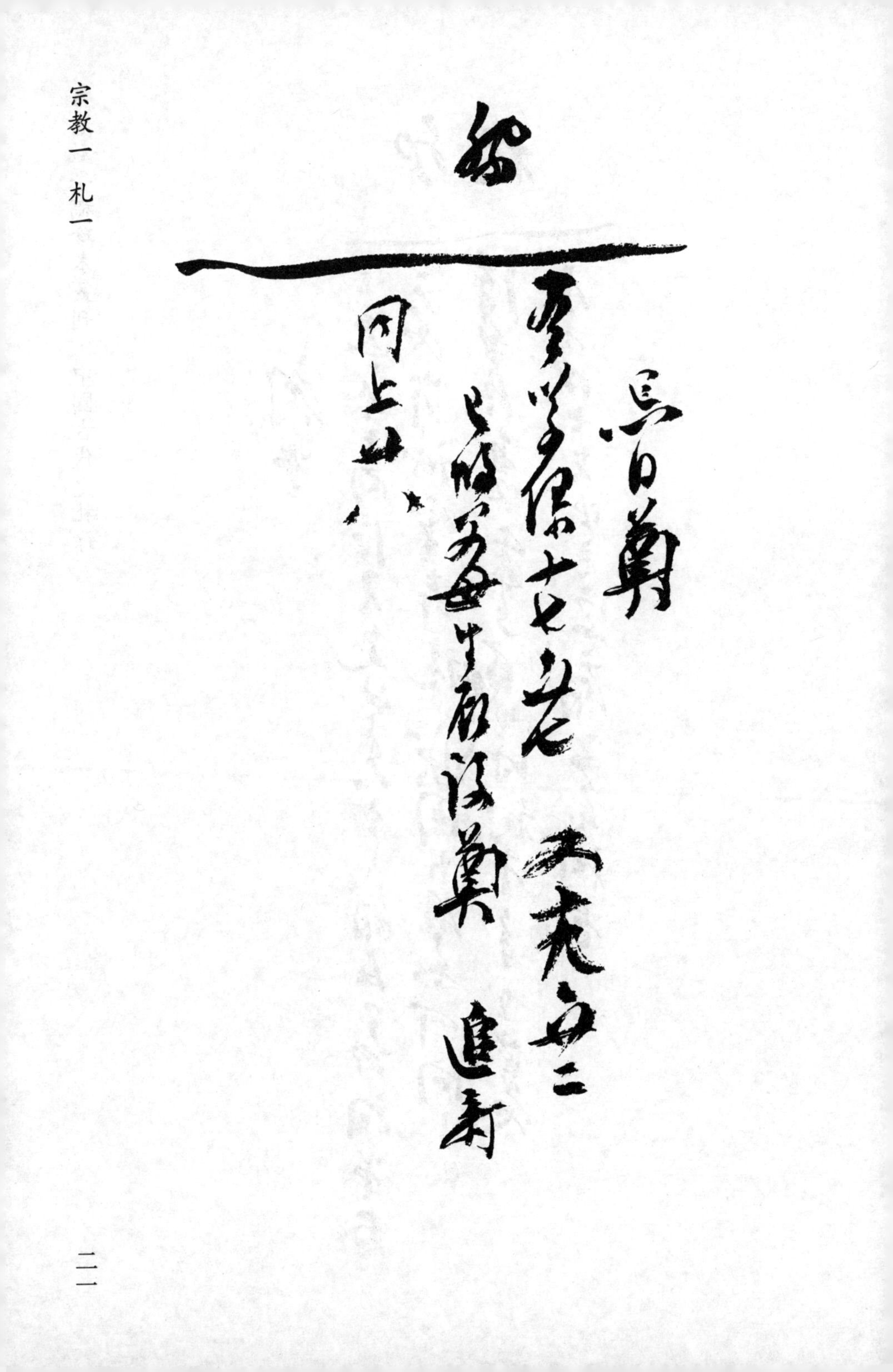

# 祭祀

## 祠堂

王逸述屈原天問，言見楚有先王之廟及公卿祠堂，畫天地山川神靈，琦瑋僪佹之狀，圖於壁，可呵而問之。

漢初先墓祭，東漢時祠堂多在墓地。

庶人以下士大夫之宗廟，不名祠堂。

廟之祠堂之以崇奉　孝道于房族先祖之處

至以條一丈二尺五寸

其餘存廟及後之廟租留以為神佑守祠之所用者也

事此爲照

七房之廟契字兩房各存正之據事

清道光永房七房長老于廳之北面公議長老收執存照

契

祭

始祖之廟世世不祧　廟不毀

遷廟　一〇二〇

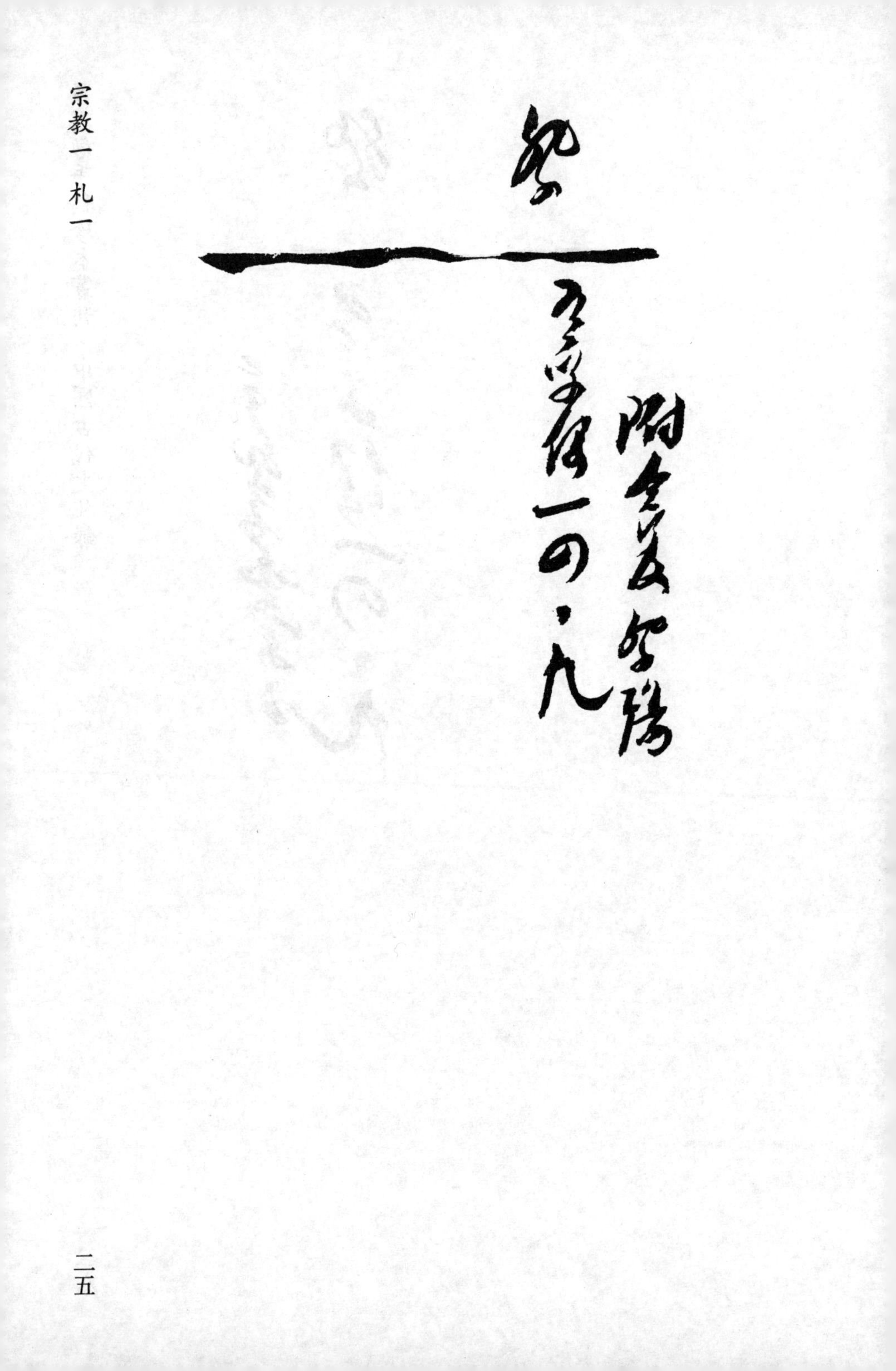

總一

二千四百八十字

民卅年一〇・九

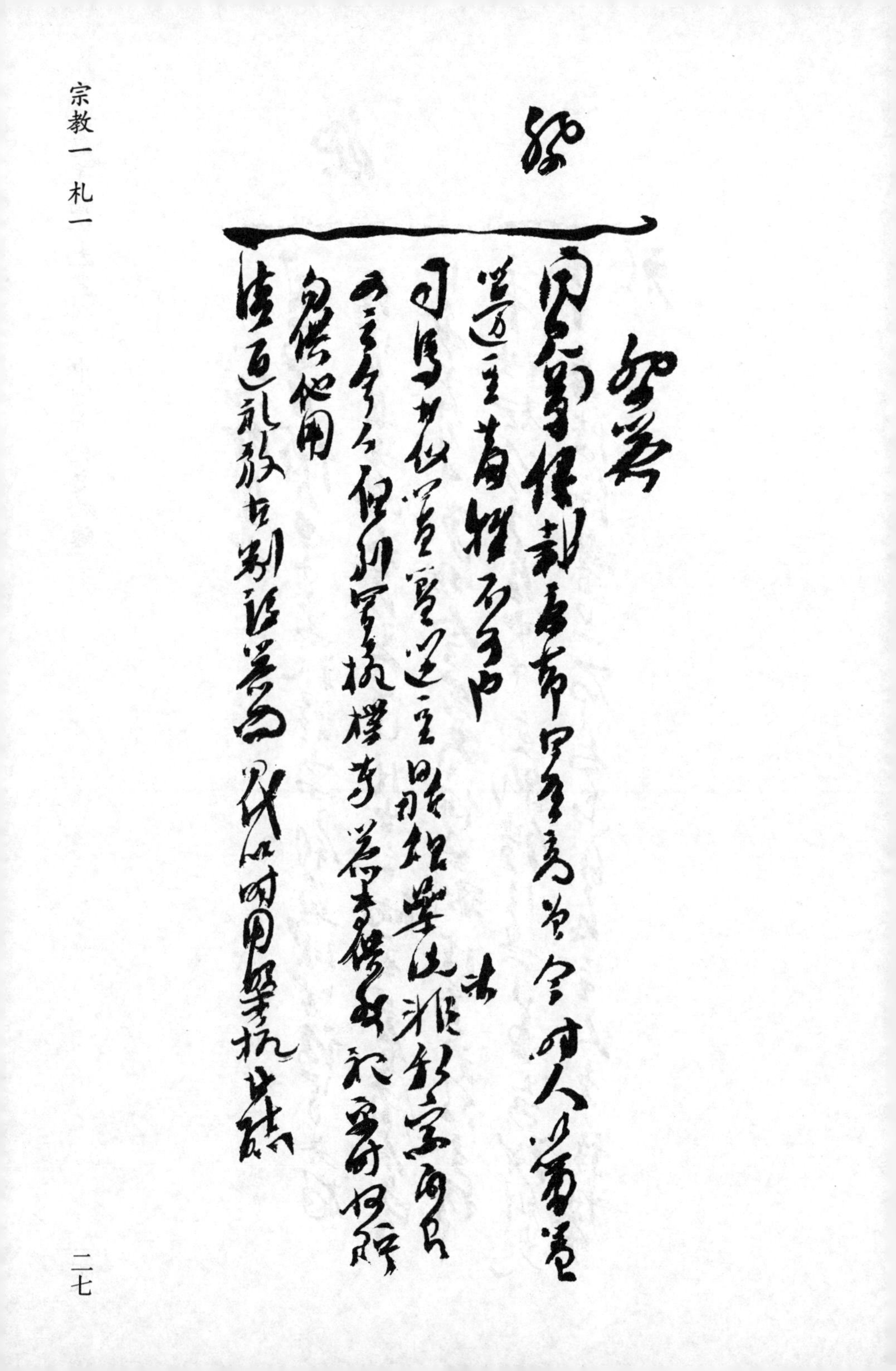

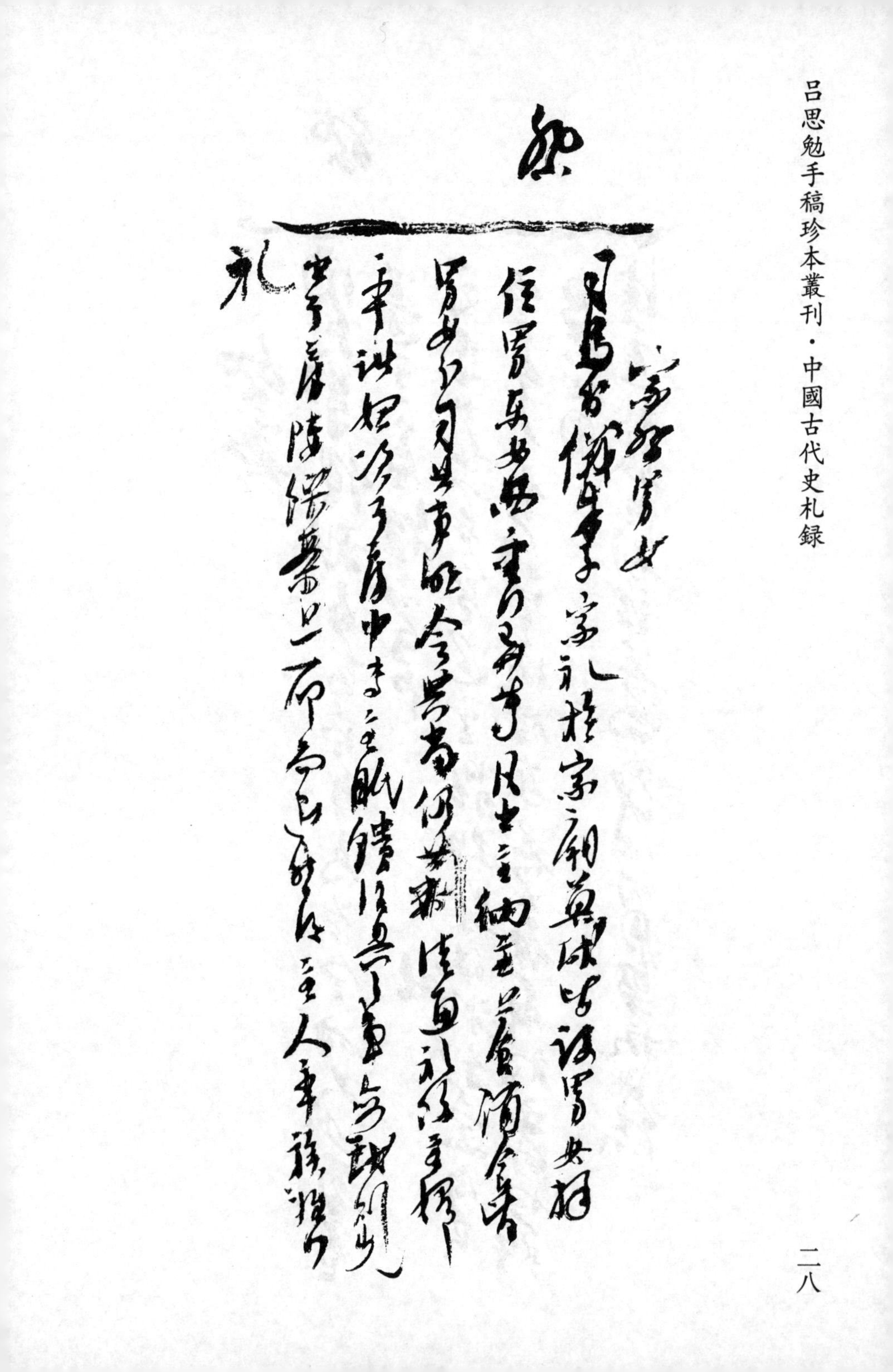

劄

劄

劄發四川宗門下弟子[illegible]孝義先祖一貫[illegible]以上(道)　今有　好祖

[illegible]　[illegible]宗[illegible]之[illegible]九[illegible]

[illegible]

(道)[illegible]祠[illegible]青林收劄

宣[illegible]年[illegible]月[illegible]日劄[illegible]

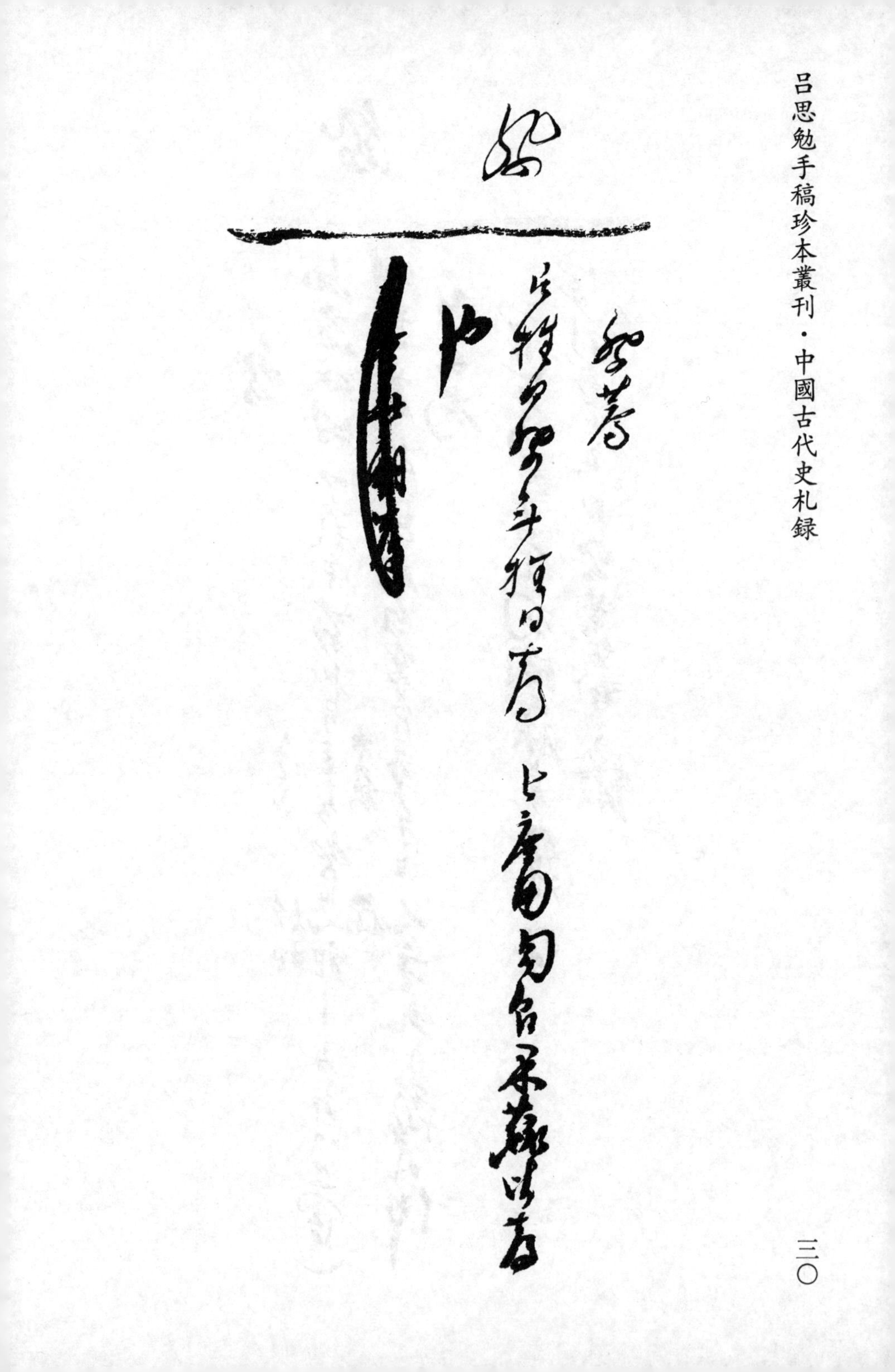

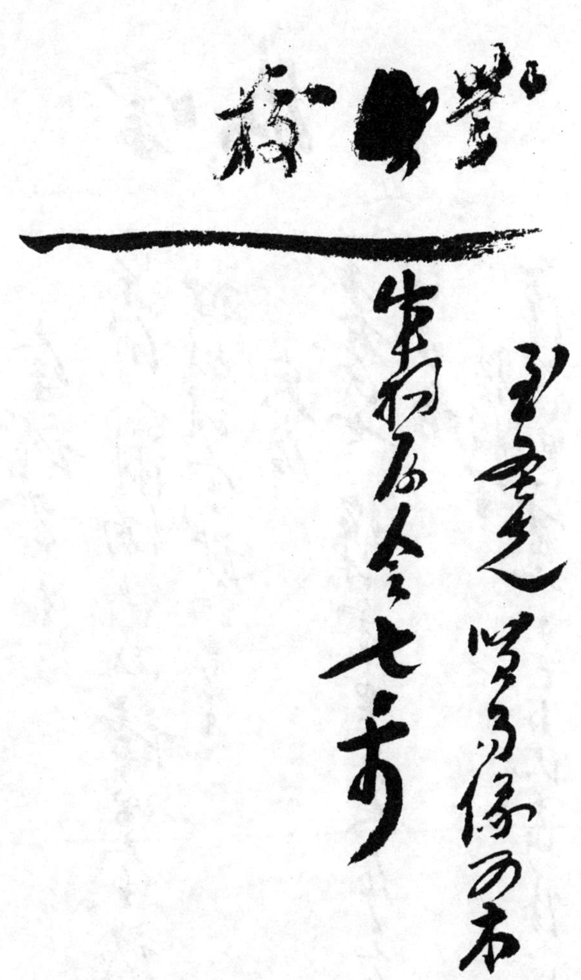

# 字敘

呂誠之先生

宋林人謝備之四讀書會誠以第三級節為

補頒封呂誠之先生

天后

宋裘氏女　補封靈惠夫人　從之爲封天妃　康熙龍

封天后

揚州府

元精權巴季生　工已初於揚州館姪館

# 宗教

李湘文手

六郎補

夏世系表序

夏傳人但稱

宋有瀚與黑西爲湖誦南者伯功氏爲王，廟稱日辛，諱辛

其者宇爲，而子二世上傳國，始以諸遠，侯以爲封，傳遠

侯，後秦退侯

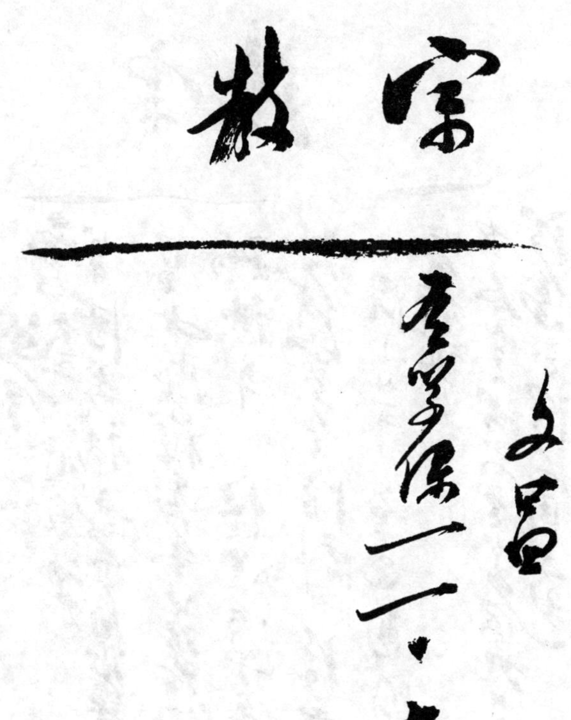
宗教
文昌
壹號一〇九

# 宗教

原始迷信之產 [illegible]巫書祝[illegible]之[illegible]付方 帝后同出[illegible]力

男女屬雜[illegible]若在

秘神年 但是以之年利 在其代用宗教之財

錢供宗教之消耗 [illegible]帶羨為耗八口之後用於宗教的

民之業 年與角所繞成關 政之事

宗教說曰

其今之説（[illegible]九○九）

說像之説（同上卅）

# 宗教

宗教

、城隍神

見叢殘九、十六

# 宗教

城隍考也

某幕客偶鎮鄴城時，城中先有祖祠一

所，供奉城隍神

隋初有志果以隋建紀念城隍神

宗大歸於勸軒，收權勢之士也，其祠合錄之自

此祠久任自後城隍，真或宗後民社莫大

不須城隍，而那城隍亦勳，乃加封載

祀典。

# 宗教

五嶽、諸帝、魁星、門神、鍾馗

八仙

事物原會卷三

# 宗教

直省府州縣通祀

社稷壇　春秋仲月戊日

先農壇　仲或季春亥日

神祇壇　雲雨風雷居中　境內山川居左　城隍居右　神位居南　春秋仲月諏吉致祭　是日卯刻

祀壇乃後以諏吉為雩　不雨乃禱社稷以為報祀

風神廟　府州縣神祠　隆佛仍以和府東北地路取所　又祀蔣蕭衙署當所

厲壇　清

嵩高封泰室 華陰 衡山 [illegible]

霍太山 沂山 吳陵州 會稽 [illegible]

嵩高泰山 西 [illegible] 山 [illegible]

江國地 淮(唐[illegible]) 河[illegible](望) 沛[illegible] [illegible]

長者 直[illegible] 山(望) 松[illegible] 古[illegible]

古[illegible]世出[illegible] 歲[illegible]仲[illegible] 人[illegible]

廟[illegible]

名山大川 [illegible]祠 [illegible]

太牢[illegible]

議神 [illegible] 缺

史[illegible] [illegible] 祠 [illegible]

一

由官通祀

火神　今無通祀，只係以六月廿三日為[illegible]祭 [illegible]
省令所有地方官[illegible]之事

城隍神　今無通祀，各府州縣城隍社稷壇[illegible]　並祀
于神祇壇　[illegible]

厲　[illegible]一年三祭　七月望　十月朔　[illegible]
城外郡邑[illegible]城隍神為之主

先賢[illegible]
[illegible]祠

各府直省通祀

關帝　[illegible]

文昌　二月三日　秋仲[illegible]

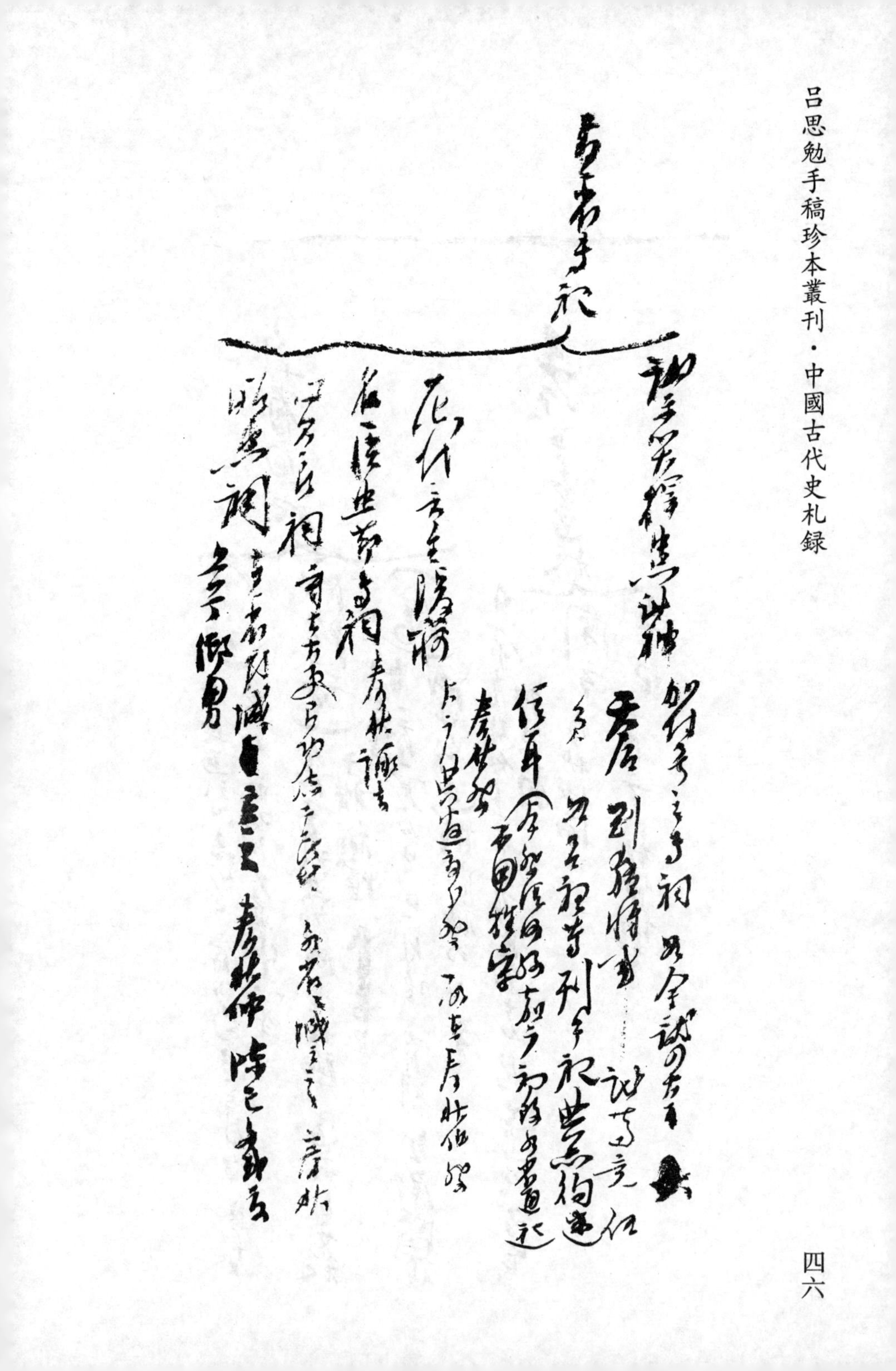

高者手記

祀平冥[illegible]生之神　加往[illegible]祠　以全試[illegible]

唐　劉[illegible]　[illegible]

[illegible]列于祀典[illegible]

[illegible]

[illegible]

[illegible]　祠

[illegible]祠　[illegible]

[illegible]祠　[illegible]

[illegible]祠　[illegible]

# 宗教

宗教是語[illegible]代出自嚴[illegible]信[illegible]

實開宗以明教[illegible]

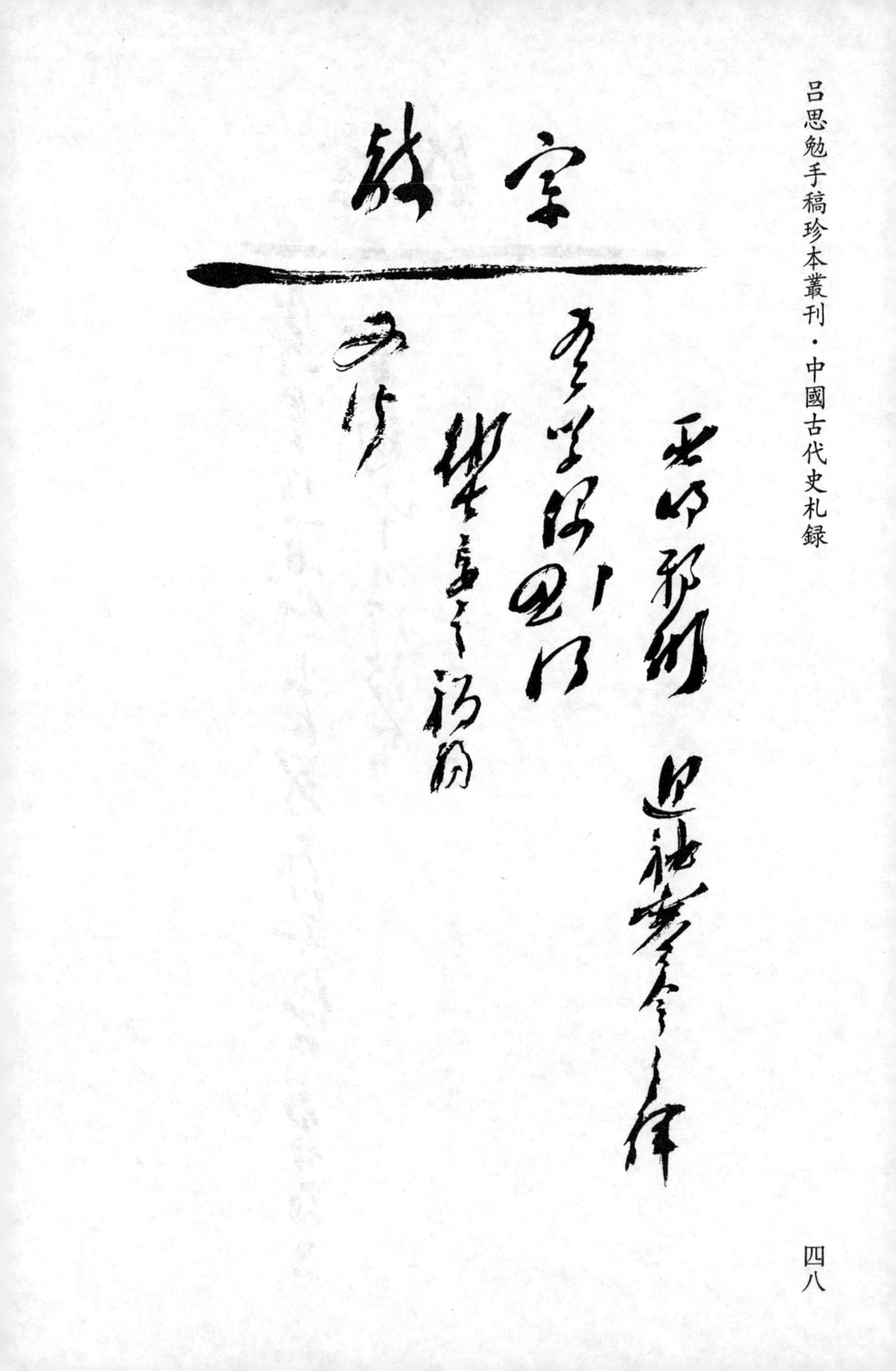

宗教

寺祠

陸而旅來修葺爲　其祀宗廟修

又于宗國修爲生祠

祔 北人

清禮律儀制 凡修代墓葬羅翁令材文

毋要和祖先壽數等葬時與某人同葬

廿樹一書劉陵

科学与宗教

凡用單固定的概念[illegible]

[illegible]律

乾隆初命僧尼須發度牒

婦人年限四十乃得出家

此言貴能行之夫功者難成而易敗時者難得而易失也時乎時不再來願足下詳察之韓信猶豫不忍倍漢又自以爲功多漢終不奪我齊遂謝蒯通蒯通說不聽已詳狂爲巫【集解】徐廣曰一本遂不用蒯通蒯通曰夫迫於細苛不可與圖大事拘於臣虜者固無君王之意說不聽因去佯狂也【索隱】案漢書因及戰國策皆

史記淮陰侯列傳

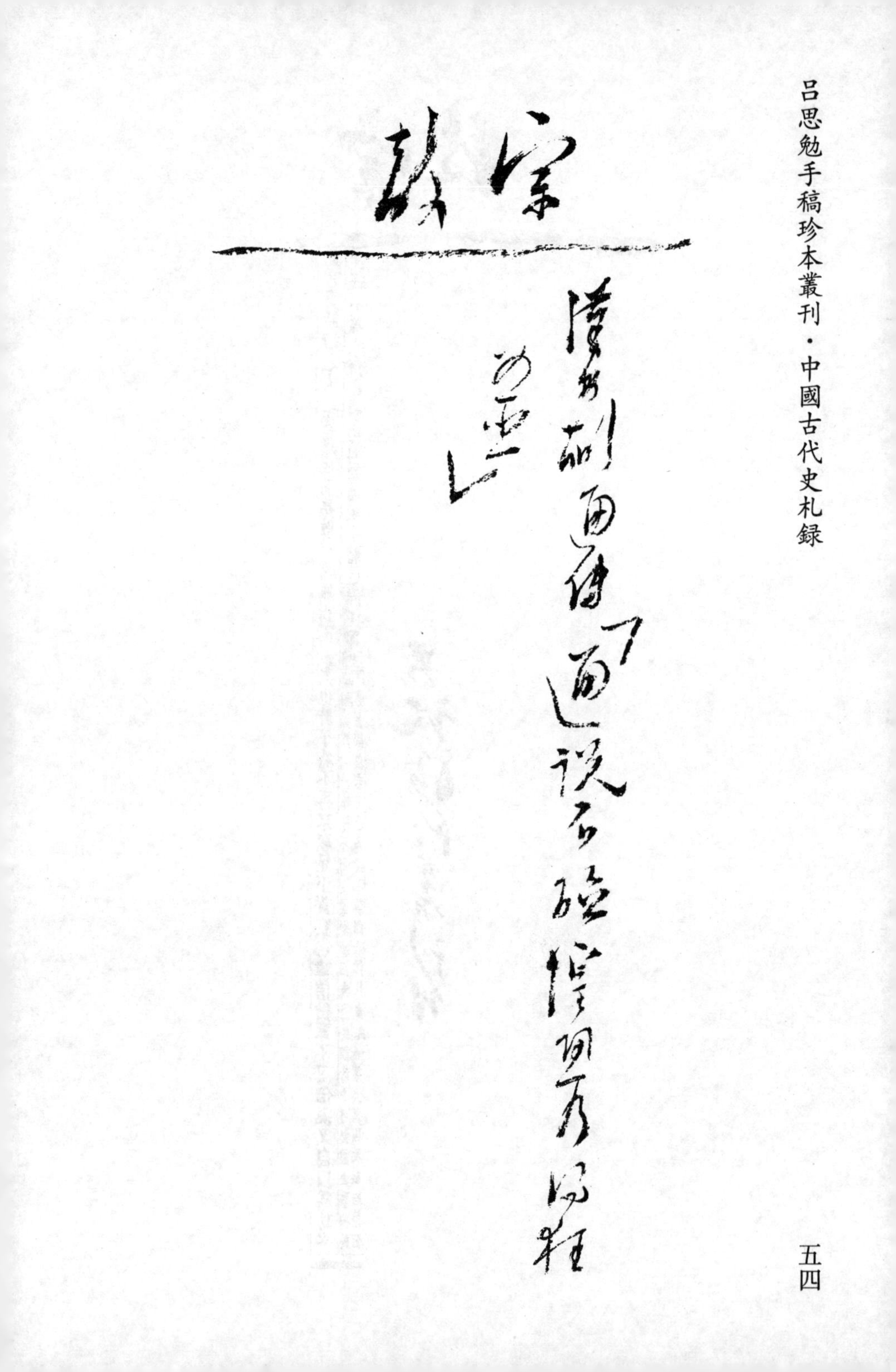

# 宗教

[illegible]

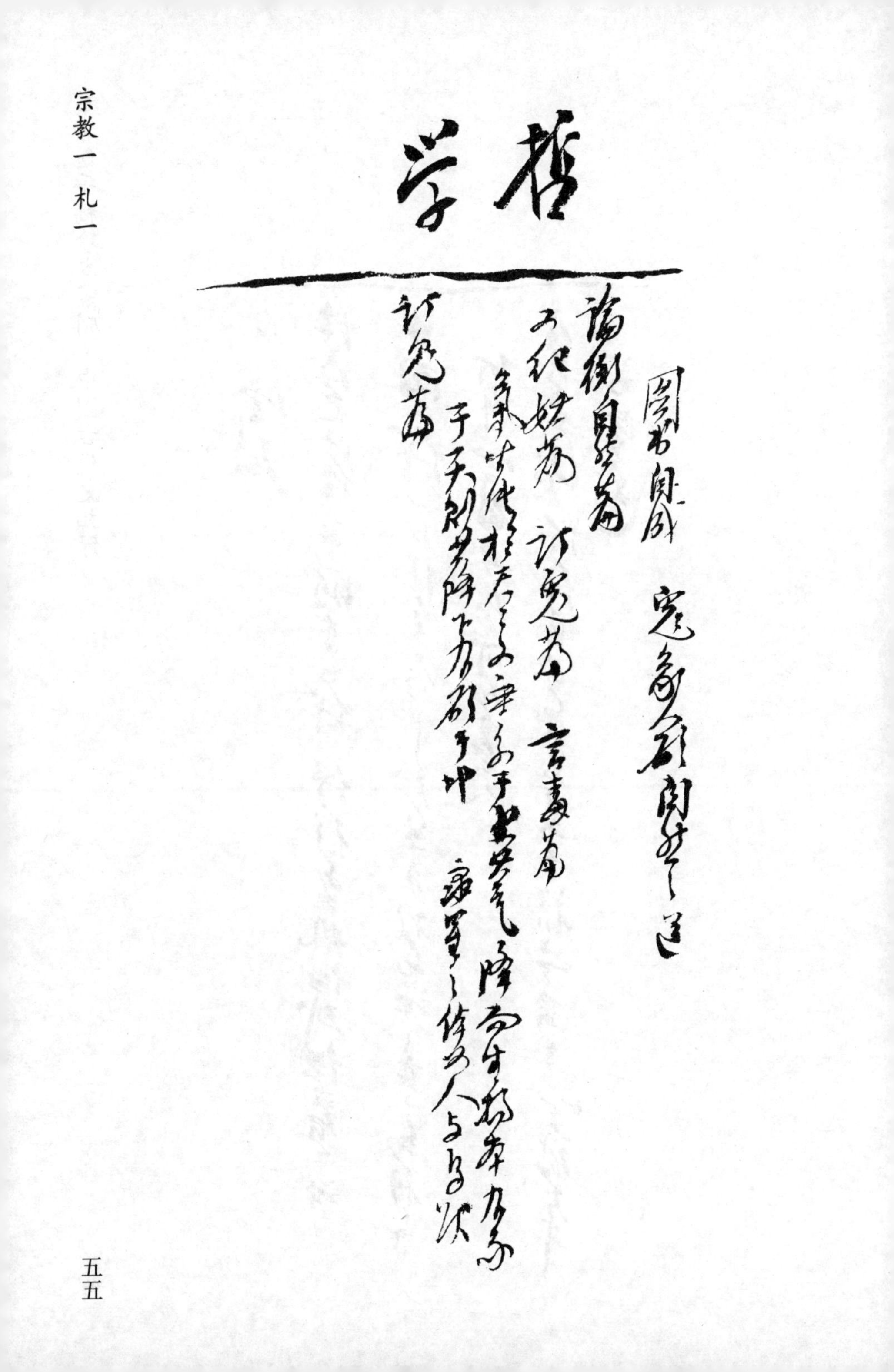

二　宗教

惟邑比俗界满带七代　儒術興起　儒教佛老爭衡

中國古代　为日月益衰之　而遂無復為神之重之勢利矣

何者　宗教無幾　可謂無足見

蓋有原因　儒術興起　而宗教為之手腕其甚者　宗教在

可為述

宗教三知說

Spinoza 斯賓挪莎曰：宗教者知解作用以象之關係由實有者限制自己認識與絕對的本質之正確現

Hegel 黑格兒曰：宗教乃由人所有之知解本質之絕對者之知識

此說似與斯說對神之智性的愛之為是一說

然性外不成信之也　如意志作用無之不可矣

# 宗教

羅馬語之宗教Religio乃由拉丁語之Religio出　此語係從注意或尊敬之意又之重視而來　宗教一語畢竟根據敬尊崇之意

佛教　宗教者用于宗門之教又西語宗教等者教外之宗（小乘四宗意也）

實驗主情說

覺克皮(Jacobi)德人，与康德同時，仍信仰於子

修利馬黑(Schleiermacher)德人，一七六八—一八三四）而尤甚。謂宗教非知識，非意志，乃感情。即人對於所直覺的感依——絕對依賴之感情。

以宗教基於感情，而宗教的自覺全在主觀的情緒。庶乎將宗教作為一獨立範疇

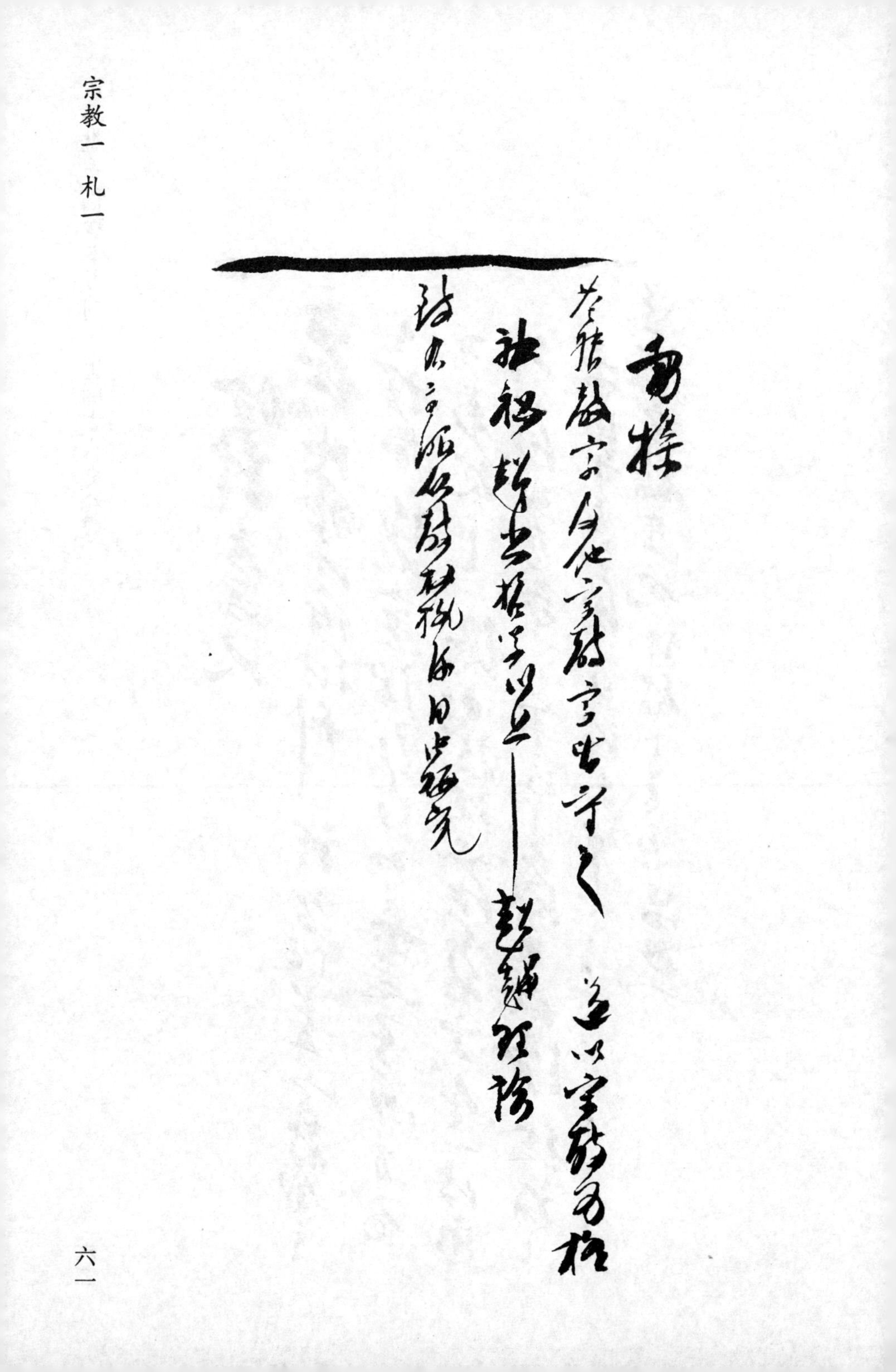

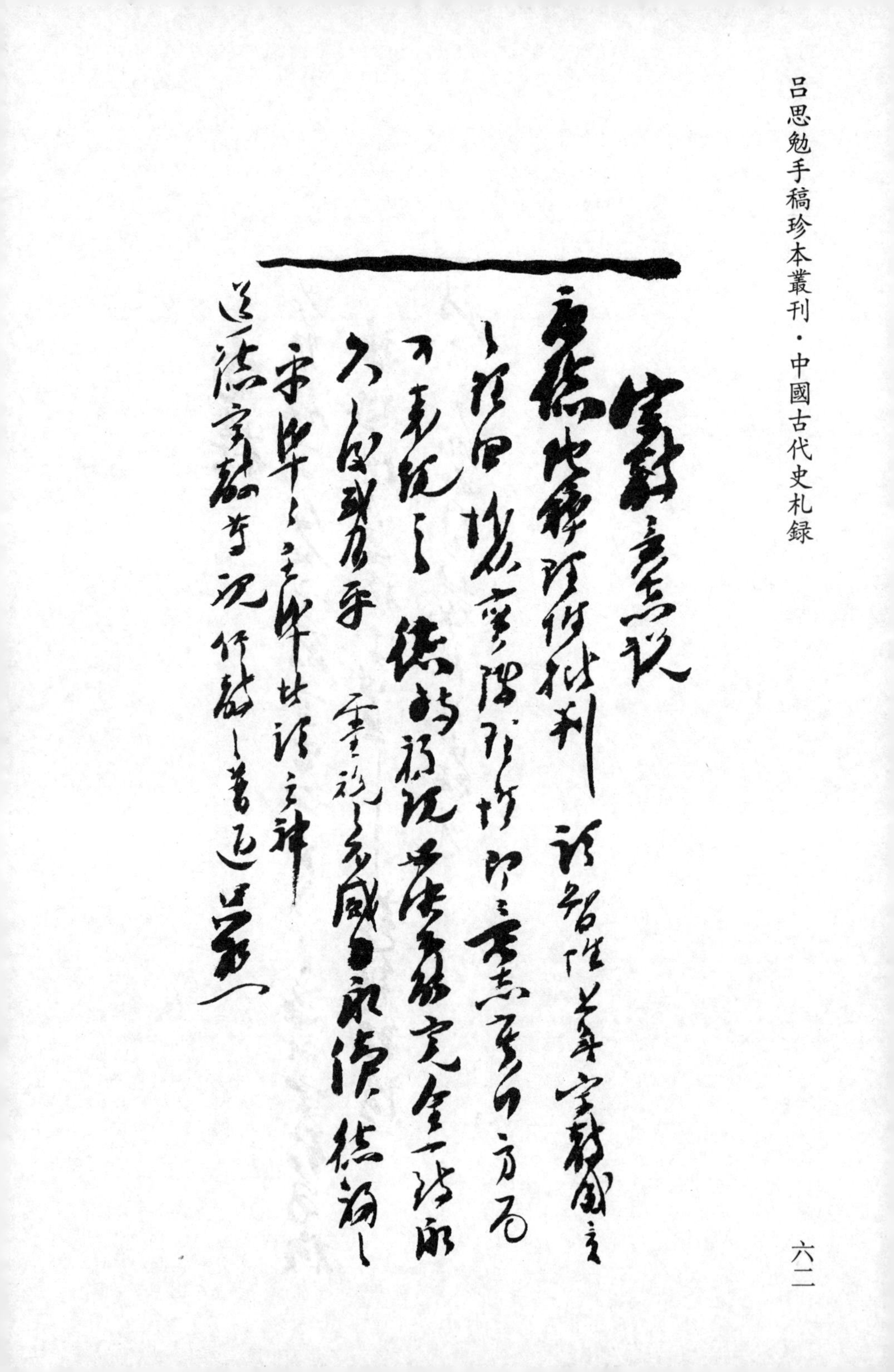

叢書之説

[illegible]

[illegible]

[illegible]

[illegible]

[illegible]

[illegible]

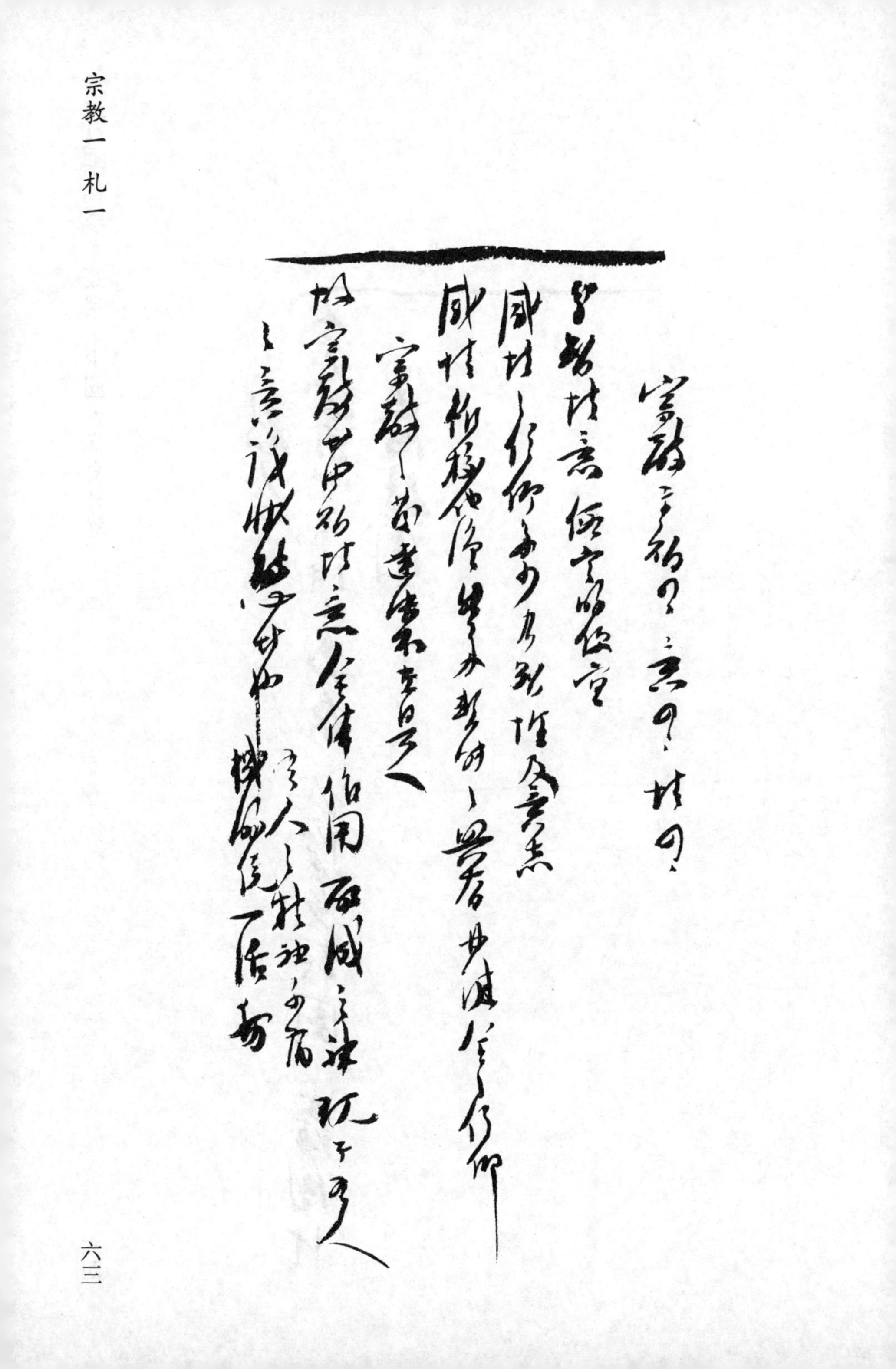

今人宋教仁譯之地居　以經千為範圍　法律範圍任

教令

道德範圍

宗教與上帝觀念

四時崇拜祖宗崇拜觀念 及從古代中抽繹

之長與觀念等 為嗜好修係一[illegible]

象徵

風神觀上的自律主之然根

# 佛理与宗教

佛理以善为对待之宗教至其为言
今科学家佛理以理性社会学为基 其形佛理
现今之解释 科学尚不能解
其为宗教为宗教其释 佛正见 惟其权衡 一切破
列与西欧 佛无 八八 自然 三年 怀彬

往籍所記，多[illegible][illegible]，[illegible]因之，實數[illegible][illegible]　生[illegible][illegible]

[illegible]往來[illegible][illegible]言三[illegible][illegible]，言[illegible][illegible]人語

[illegible][illegible][illegible]知[illegible]實數[illegible][illegible]

謝一面物告名神於

芳肖乃歌鈴—風神鈴l蒴芽—安杷

消風神

汎神論

汎神論之盛，於深奧哲學若僅向宇宙現象求解釋，則論

大抵神論——有神論

此外宗教性之信仰有二種：

汎神論——無神論

無神論否定人格的超越神，以宇宙萬有為力

中其道之説分為神的實在，汎神之名義於此

汎神論之派别及佛教學説 一三七頁

、宗教

、家以外之宗教組織

如佛教寺東漢乃始有 若此氏族之[illegible]

祭主祭者爲、家族則、家長

宗教者苞含思想之、社會組織也

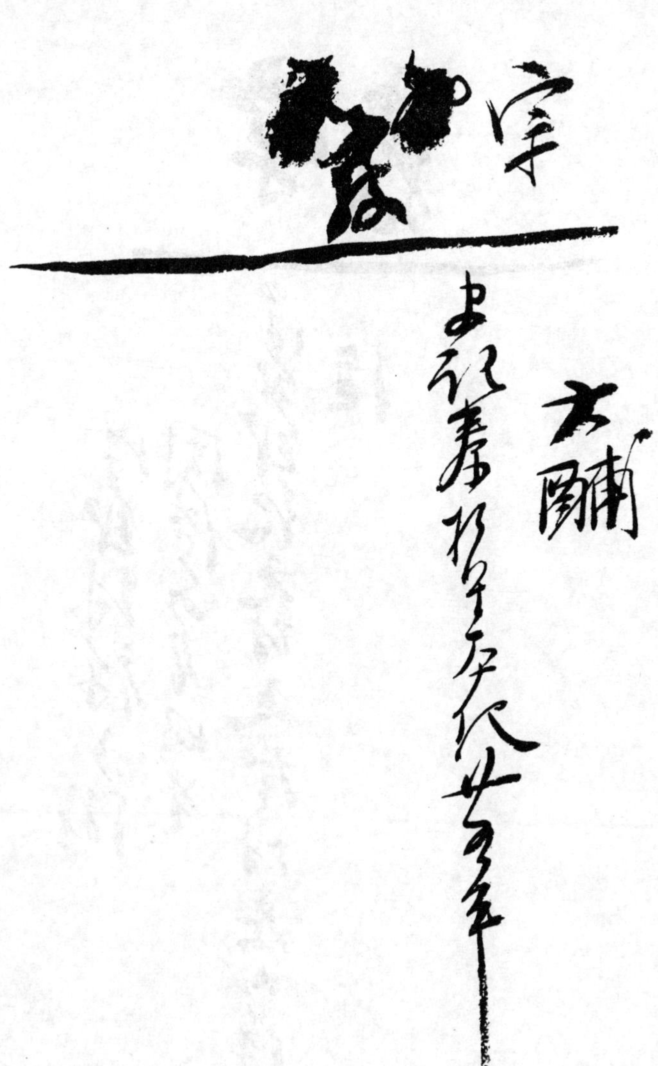

# 宗教

漢武封禪之儀

周漢之君明堂

漢武紀之封之證封泰山降時尚未補

屆

# 宗教

別

華仲鈞啓　敬乞吴大兄處甚又值取貴了到向陵

大兄叔上言書謹

十一年四月上海北京教會学生發起世界基督教學生同盟　非基督教学生同盟發表宣言反對之

教

一

今日宗教団ニ

一　誕生祭ノ名　二　盛ナレ　葬送礼　三　婚ノ右会

教会　の表之

宗教

宗教之進化

心理的改造五十葉 五十六葉

# 宗廟

魏明初止四親廟　景初元年更定七廟　武帝為太祖　文帝為高
祖　上宜為烈祖　萬世不毀　其餘四廟親盡迭毀　晉書禮志（下九頁）譏定
之非見日知錄（卅六）
蜀初即因魏廟（上頁）　同上　宋文因晉舊　宋書禮志（下六附頁）
晉時創宗廟　皆廟七室（頁）　同上　法出古清廟一宮　魏宋亦然　宋書禮志（下六附頁）
言兄弟不相入廟非禮也　其非子者直言皇帝敢告某皇帝　同上
（上下頁）元帝與光武屬尊　不第當世之數　宋書禮志（下六頁）
未立成帝以躬主壇於園　魏晉議以為應禮西階之首（上頁）　同上
魏明帝太和三年詔以嗣子由諸侯入奉大統者　則為人後之義
敢為佞邪導諛時君　妄建非正之號　謂考為皇　稱妣為后

大臣請之亦數矣，皆以宗廟事重，是以高皇帝遺昭不許。

為昭帝議追尊世宗，亦引魏制以為不可。元帝時荀綽郗鑒

宜稱皇妣備禮，不敢以之齊於天，從之。晉書禮志（十九卷）

書隱為桓母別考仲子之宮而不可為祖考之配，當由於臣子

故得稱太后，陵廟備典，若祔葬配食，則義所不可。晉書簡文宣鄭太后傳（卅二卷）

景初之年。有司奏帝為烈祖，與太祖、高祖並為不毀之廟。從之。案

宗廟之制，祖宗之號，皆身沒名成，乃正其稱。……未有豫定之

典。此蓋言之不通，失之甚者也。……晉書宋書禮志（卅八卷）

有功者祭於大烝，諸葛亮立廟沔陽，非禮。宋書禮志（十七卷）

劉備未辭，繼何帝為禰，亦無祖宗之號。又（十卷）

古三年不祭｜漢文以來宗廟毀曠者　宋書禮志（十六）18上

迎送出廟　有送尸有迎尸　於今宗廟之義　又（十）七18上

右牲牛羊豕雜並用醴　又（十）七8上

｜漢初帝各異廟　魏帝以來乃共堂各室　魏晉依之　又（十）七22下

毀主埋於廟之北牆　又（十）七7下

先儒說親廟四周並后稷始祖文王武王二祧　七廟爲六親の晉

大江左七宋の　宋書禮志（九）7上

漢廟祠在郡國　陵旁西都已上の世別祠各陵　帝每年和每年

東陽欽祠置定　建安末魏立宗廟　皆在鄴　黃初二後廟未成

祀武三帝原始廟　用宗人禮　宋書禮志（九）8上

功臣配享行於宗　共坐殺之戮　志九八〇

望於廟寢之側。臨終為制以敕其子曰……惠帝之祀，貴嬪同營。

備物雜稱，多姓疏熟。祀先人自有舊典，不可有新。自今以下祀

止用蔬食時果，而同於生者也。示令子孫四時不忌共記耳。孔

子云：雖蔬食菜羹瓜祭，必齊如也。本貴誠敬，豈求備物哉。（魏書二十下）

北史

北史高允傳：文成大基承平之業，而風俗仍舊。婚娶喪葬不依

古式。允乃諫曰……古者祭必立尸，序其昭穆，使亡者有憑。致食

饗之禮。今葬之魂人，直求貌類者，事之如父母，宴好如夫妻。損

敗風化，黷亂情禮，莫此之甚。上未禁之，下不改絕。此一異也。上略

廷卜

魏世祖立所生母廟高宗獻之魏書皇后列傳始之密皇后杜氏第十三卷

昭本作字○通鑑鐫作

## 宗教

（普薩蠻、木速蠻、木速魯蠻、鋪速滿、謨速魯蠻、沒速魯蠻）○皆伊斯蘭教信者之稱 唐宋元時代中西通商史 66

回教寺宋時曰清淨，元末以稱清真 唐宋元時代中西通商史 76

別庵伯尔○見元史卷一二五。天使之義 唐宋元時代中西通商史 143

宗教（外道）

晉書。隱逸傳夏統其從父敬寧祠先人迎女巫章丹陳珠二人並
有國色。莊服甚麗。善歌舞。又能隱形匿影。甲夜之初。撞鐘擊鼓。
間以絲竹。丹珠乃拔刀破舌。吞刀吐火。雲霧杳冥。流光電發。統
諸兄弟欲往觀之。難統。於是共紿之曰。從父間疾病得瘳。大小
以為喜慶。欲因其祭祀。並往賀之。卿可俱行乎。統從之。入門。忽
見丹珠在中庭。輕步回舞。靈談鬼笑。飛觸挑柈。酬酢翩翩。統驚
愕而走。不由門。破藩直出。歸責諸人……。……亂男女之禮……。……遂
隱牀上。被髮而臥。不復言。眾親踧踖。即退遣丹珠。各各分散。九
の話

宋書索虜傳：燾……與太祖書曰：……前後亦復殺兵如此，有好
從者羅門，使鬼縛送來也。（列五〇上）
梁書諸夷傳林邑國王事尼乾道，鑄金銀人像，大十圍。（四〇四上）南
史夷貊傳（四〇上）：元嘉二十三年，使交州刺史檀和之伐林邑，鑄其金人，得黃金數十
萬斤。（四〇上）和之回南，見胡神為祟。扶南國俗事天神，天
神以銅為像，二面者四手，四面者八手，手各有所持，或小兒，或
鳥獸，或日月。（四〇上）見南史諸夷傳（四〇四上）滑國事天神火神，每日則出戶祀神而後
食。（四〇上）
晉書慕容儁載記：及冉閔殺石祗，僭稱大號，遣其使人常煒聘於
儁，儁引之觀下，使其記室封裕詰之。……裕曰：石祗去歲使張

畢請救，云爾在襄國，其言行否？又聞鑄金為己象，壞而不成。

奈何言有天命。帝曰：……鑄形之事，亦未聞也。儁後錄行事記。

又欲於闐鑄形之不成也。若不高之，乃積薪置火於其側，帝裕

等以喻之……」（卅二）

北史齊本紀文宣帝謀篡魏時，帝乃鑄象以卜之，一寫而成。（四九上）

魏書

北史后妃傳：「魏故事，將立皇后，必令手鑄金人，以成者為吉，不

則不得立也。」（卅三上）　道武宣穆皇后劉氏之生明，以鑄金人不

成，故不登后位。　明元昭哀皇后姚氏，后以鑄金人不成，未升

尊位。贈皇后（十三卅四上）　道武皇后慕容氏，令后鑄金人成，乃立之。（卅三上）

梁書林邑傳：國王事尼乾道，鑄金銀人像，大十圍。（卷の54）元嘉二十三年，檀和之克之……銷其金人，得黄金數十萬斤。和之以病死，見胡神爲祟。（卷97）

又滑國傳：其王坐金牀，隨太歲轉。與妻並坐接客。事天神火神。每日則出户祀神而後食。（卷の94）

魏書皇后傳：宣武靈皇后胡氏，廢諸淫祀，而胡天神不在其列。（卷十三 北史十三）

北史本紀、蠕蠕傳：鑄金人之事，數の不成。（卷の98北）（魏書蠕蠕傳七の北）

隋書禮儀志：後齊末年，祀非其鬼，至於躬自鼓儛，以事胡天。鄴中遂多淫祀，茲風至今不絶。後周欲招來西域，又有拜胡天制，皇

帝祓焉。其儀並從本俗。經傳不可紀也。（四二止）

此四日動付上表請變文中。：：在昔時有又以汝陽大度江者。

世〻事〻。相續不滅。火急變耳。止（四二止）隋書　六九止

又劉方傳：至其國都。林邑王梵志。棄城奔海。獲其廟主金人。止（四二止）

隋書百官志：鴻臚寺。〻〻統典客〻〻〻等署。令。丞。典客署又有典客

薩甫二人。諸州薩甫一人。止（四九止）

又康國傳：有胡律。置於祆祠。決罰則取而斷之。重罪者族。次重者

死。賊盜截其足。止（四九止）

又曹國傳：國中有得悉神。自西海以東諸國並敬事之。其神有金

人焉。金破羅闊丈有五尺。高下相稱。每日以駝五頭馬十匹羊

一旬日祭之，常有千人，今之不盡。（見三上）

魏書西域傳波斯國：俗事火神天神。（92.6上）

又釋老志：興光元年秋，勑有司於五級大寺內，爲太祖已下五帝鑄釋迦立像五，各長一丈六尺，都用赤金二萬五千斤。（釋6上）

又於天宮造釋迦立像，高四十三尺，用赤金十萬斤，黃金六百斤。（6上）顯祖

北齊書神武紀：及帝於魏暴崩，榮遂入洛，因將篡位，神武諫恐不聽，請鑄像卜之，鑄不成，乃止。（見2上）

通鑑晉穆帝永和五年：孫伏都、劉銖帥羯士三千伏於胡天，亦欲誅閔、農。注：胡天蓋石氏禁中署舍之名。（見延誤）

宗教(道)

晋书哀帝紀：興寧二年三月，辛未。帝不豫。帝雅好黄老，斷穀餌長生藥。服食過多，遂中毒。不識萬機。崇德太后復臨朝攝政。(6下)

三年二月，丙申。帝崩於西堂。时年二十五。(7上)

又盧欽傳附盧志：帝戰敗於蕩陰。穎遣志督兵迎帝。及王浚攻鄴，志勸穎奉天子還洛陽。时甲士尚萬五千人。志夜部分，至曉，眾皆成列。而程太妃戀鄴不欲去。穎未能決。俄而眾潰。唯志與子謐、兄子綝、殿中武賁千人而已。志復勸穎早發。时有道士，姓黄，號曰聖人。太妃信之。及使呼入，道士求兩杯酒，飲訖，拋杯而去……计始收。(44上)

晉書趙王倫傳[塗抹]倫秀並惑巫鬼。聽妖邪之說。秀使牙門趙奉詐為宣帝神語。命倫早入西宮。又言宣帝於北芒為趙王佐助。於是別立宣帝廟於芒山。（五九上）及三王起兵討倫。……使楊珍晝夜詣宣帝別廟祈請。輒言宣帝謝陛下某日當破賊。拜道士胡沃為太平將軍。以招福祐。秀家日為淫祀。作厭勝之文。使巫祝選擇戰日。又令近親於嵩山著羽衣。詐稱仙人王喬。作神仙書。述倫祚長久以惑衆。（上）

又嵇康傳……好老莊。……常修養性服食之事。彈琴詠詩。自足於懷。以為神仙稟之自然。非積學所得。至於導養得理。則安期彭祖之倫可及。乃著養生論。（四九上）……山濤將去選官。舉康

自代序乃與衛书皆絕。曰：……又聞道士言：卿术養精，令人久壽。當信之。（61）

晉书周處傳[塗黑]錢鳳從數陰周氏，時有道士李脫者，妖術惑衆，自言八百歲，故號李八百。自中州至建鄴，以鬼道療病，又署人官位，時人多信事之。弟子李弘養徒灊山，云應讖當王。故敦使廬江太守李恒告札及其諸兄子與脫圖謀不軌。時筵處子請之子為敦諮議參軍，即營中殺筵及脫、弘。（五八，32）

又周訪傳：子撫，永和初，桓溫征蜀，進撫督梁州之漢中、巴西、梓潼、陰平四郡軍事，鎮彭模。撫擊破蜀餘寇隗文、鄧定等。……隗文、鄧定等復反，立范賢子賁為帝。初，賁為李雄國師，以左道惑百

性。人多事之，衆每有為一萬。將與龍驤將軍朱序擊破斬之。以宣

（八九）

晉書郗鑒傳：子愔與姊夫王羲之、高士許詢並有邁世之風，俱棲心絕穀，修黄老之術。（六七五）

又高崧傳：哀帝雅好服食，崧諫，以為非萬乘所宜。陛下此事，實日月之一食也。（七一九）

又葛洪傳：尤好神仙導養之法。從祖玄，吳時學道得仙，號曰葛仙公。以其煉丹秘術授弟子鄭隱。洪就隱學，悉得其法焉。後師事南海太守上黨鮑玄。玄亦內學，逆占將來，見洪深重之，以女妻洪。洪傳玄業，兼綜練醫術。……以年老，欲煉丹以祈遐壽，聞

交趾出丹，求為句漏令。帝以洪資高。不許。洪曰。非欲為榮。以
有丹耳。帝從之。洪遂將子姪俱行。至廣州。刺史鄧嶽留不聽去。
洪乃止羅浮山煉丹。……在山積年。優游閑養。著述不輟。其自
序曰。……考覽奇書。既不少矣。率多隱語。難可卒解。自非至精
不能究。自非篤勤不能悉見也。道士弘博洽聞者寡。而意斷妄
說者眾。至於時有好事者。欲有所修為。倉卒不知所擇。而意之
所疑。又無足諮。今為此書。粗舉長生之理。其至妙者。不得宣之
於翰墨。蓋粗言較略。以示一隅。冀悱憤之徒。省之。可以思過半
矣。……世儒徒知服膺周孔。莫信神仙之書。不但大而笑之。又
將謗毀真正。故予所著子。言黃白之事。名曰內篇。其餘駁難通

雜。名曰外篇。大凡内外一百十六篇。……自號抱朴子。因以名
書。其餘所著。……神仙良吏隱逸集異等傳各十卷。又抄五經
史漢百家之言方技雜事三百一十卷。金匱藥方一百卷。肘後
要急方四卷。……後忽與嶽疏云。當遠行尋師。剋期便發。嶽得
疏。狼狽往別。而洪坐至日中。兀然若睡而卒。嶽至。遂不及見。時
年八十一。視其顏色如生。體亦柔軟。舉尸入棺。甚輕如空衣。世
以爲尸解得仙云。（七二傳）
晉書何充傳。于時郗愔及弟曇奉天師道。而充與弟準崇信釋氏。
謝萬譏之云。二郗諂於道。二何佞於佛。（七七傳）
又王羲之傳。羲之雅好服食養性。不樂在京師。（八十傳）羲之既去

安。……與道士許邁共修服食。採藥石不遠千里。（注）王氏世事張氏五斗米道。凝之彌篤。孫恩之攻會稽。僚佐請為之備。凝之不從。會稽內史方入靖室請禱。出語諸將佐曰。吾已請大道。許鬼兵相助。賊自破矣。既不設備。遂為孫恩所害。（注）獻之羲之子遇疾。家人為上章。道家法應首過。問其有何得失。對曰。不覺餘事。惟憶與郗家離婚。獻之前妻。郗曇女也。（注）許邁附載之傳末云。未弱冠。嘗造郭璞。璞為之筮。……謂曰。……宜學升遐之道。時南海太守鮑靚隱跡潛遁。人莫知之。邁乃往候之。探其至要。……立精舍於懸霤。餘杭而往來茅嶺之洞室。延陵放絕世務。以尋仙館。父母既終。乃遣婦孫氏還家。遂攜其同志。徧游名山焉。

初採藥於桐廬縣之桓山。餌朮涉三年。時欲斷穀。……常服氣。一氣千餘息。永和二年。移入臨安西山。登巖茹芝。眇爾自得。有終焉之志。乃改名玄。字遠遊。與婦書告別。又著詩十二首。論神仙之事焉。羲之造之。未嘗不彌日忘歸。相與為世外之交。玄遺羲之書云。自山陰南至臨安。多有金堂玉室。仙人芝草。左元放之徒。漢末諸得道者皆在焉。羲之自為之傳。述靈異之跡甚多。不可詳記。玄自後莫測所終。好道之徒皆謂之羽化矣。（八十）

晉書王恭傳。淮陵內史虞珧子妻裴氏。有服食之術。常衣黃衣。狀如天師。道子甚悅之。令與賓客談論。（八四）

又殷仲堪傳。仲堪少奉天師道。又精心事神。不吝財賄。而怠行仁

蘇。窩於圓窟。及言幸渡。稽勤誦禱。（[illegible]の[illegible]）

晉書隱逸傳「張忠」。字巨和。中山人也。永嘉之亂。隱於泰山。恬靜寡欲。清虛服氣。餐芝餌石。修導養之法。冬則縕袍。夏則帶索。端拱若尸。無琴書之適。不修經典。勸教但以至道虛無爲宗。其居依崇巖幽谷。鑿地爲窟室。弟子亦以窟居。去忠六十餘步。五日一朝。其教以形不以言。弟子受業。觀形而退。立道壇於窟上。每旦朝拜之。食用瓦器。鑿石爲釜。左右居人。饋之衣食。一無所受。……

……苻堅聞而觀殊與衆。猶遣使徵之。使者至。忠沐浴而起。謂弟子曰。吾餘年無幾。不可以逆時主之意。浴訖就車。及至長安……乞還餘齒。歸死岱宗。堅以安車送之。行達華山。歎曰。我

東藏道士。隱於西嶽，守也。常見。川五十里。及葉而死……（隱逸傳）

又陶淡，字處靜。太尉侃之孫也……幼孤，好導養之術，謂仙道可祈。年十五六，便服食絕穀。不婚娶。家累千金，僮客百數。淡終日端拱。曾不營問。頗好讀易，善卜筮。於長沙臨湘山中結廬居之。養一白鹿以自偶。親故有候之者，輒移渡澗水。莫得近之。州舉秀才。淡聞，遂轉逃羅縣埤山中。終身不返，莫知所終。（隱逸傳）

又藝術傳：戴洋，字國流，吳興長城人也。年十二，遇病死，五日而蘇。說死時天使其為酒藏吏，授符籙，給吏從幡麾，將上蓬萊、崑崙、積石、太室、恒、廬、衡等諸山。既而遣歸。遇一老父，謂之曰：汝後當得道。為貴人所識。及長，遂善風角。為人短陋，無風望。然好道術。妙解占候卜数。吴末为台吏。知吴将亡。托病不仕。及吴平。还乡里。行至濑乡。经老子祠。皆是洋昔死时所见使处。但不复见昔物耳。因问守藏应凤曰。去二十余年。尝有人乘马东行。经老子祠而不下。未及桥坠马死者不。凤言有之。所问之事。多与洋同。九五述 按此人[illegible]乃亦自化童子

又鲍靓。字太玄。东海人也。年五岁。语父母云。本是曲阳李家儿。九岁坠井死。其父母寻讨得李氏。推问皆符验。靓学兼内外。明天文河洛书。稍迁南阳中部都尉。为南海太守。尝行部入海。遇风饥甚。取白石煮食之以自给。靓尝见仙人授道诀。百余岁卒。

卷五述 按似是佛家轮回之说

晉書藝術傳：孟欽，洛陽人也。有左道劉根之術。百姓或而赴之。苻堅召詣長安。惡其惑衆，命苻融誅之。俄而欽至，融留之。遣大獵歸宴。俄融。因左右收欽。欽化爲旋風，飛出第外。頃之，有告在城東者。融遣騎追之。垂及，忽然已遠。或有兵衆距戰，或前有溪澗，騎不得過。遂不知所在。堅末，復見於青州，苻朗尋之，入於海島。

又王嘉字子年，隴西安陽人也。……不食五穀，不衣美麗，清虛服氣。不與世人交遊。隱於東陽谷，鑿崖穴居。弟子受業數百人，亦皆穴處。石季龍之末，棄其徒衆至長安。潛隱於終南山，結菴廬而止。門人聞而復隨之，乃遷於倒獸山。苻堅累徵不起，公侯已下咸躬往參詣。好尚之士無不師宗之。……姚萇之入長安。

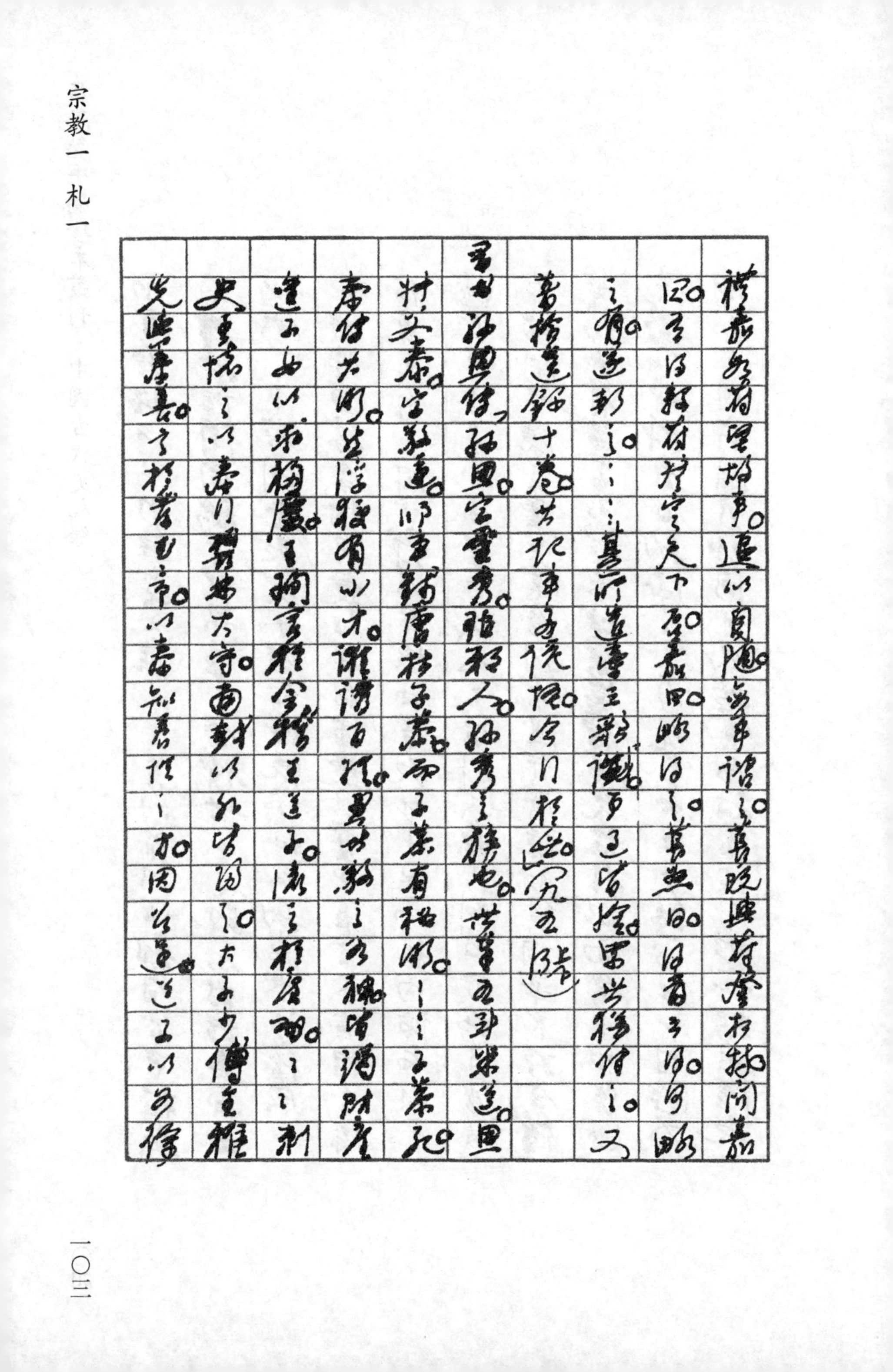

[illegible]

州主簿稽之達明瞻冀士庶……黄門郎孔道鄱陽太守桓放
之驃騎諮議周勰等皆敬事之會稽世子元顯亦數詣泰求其
祕術……衆聞泰死惑之皆謂蟬蛻登仙故就海中資給焉……
……於是自據會稽自號征東將軍號其黨曰長生人宣語令誅
殺異己有不同者戮及嬰孩由是死者十七八畿內諸縣處處
蜂起……是時三吳承平日久人不習戰又無器械故所在多被破
亡諸賊皆燒倉廩焚邑屋刊木堙井虜掠財貨相率聚於會稽
其婦女有嬰累不能去者囊簏盛嬰兒投於水而告之曰賀汝
先登仙堂我尋後就汝……乃虜男女二十餘萬口一時逃入
海……恩窮蹙乃赴海自沈妖黨及妓妾謂之水仙投水從死

廿五数……周武初乃除所寺男女之口若以释及周灭寺

废毁被传书十五国又时载数千人存而周一法灭洪义山林

隋广阳年发数十对，数百种数万人（百18下至19上）

又广弘明传：国法所毁，沙门诸上人，循[illegible]居，知不能先[illegible]事，可十余

人。又治技寺问曰，朕今将周教，谁能同然。会有之。崔[illegible]生。就之

庶人情所惑。有之，故书者记其事，悬所报生。于是有妖讹扰之地。

周枝柱也。（百12上）

寒食散。晋书裴秀传：服寒食散，当饮热酒，而饮冷酒，泰始七年

薨。（卅五3上）皇甫谧传：若从其命，一以罪下诏，敦逼不已。谧上疏[illegible]

……又服寒食药，违错节度，辛苦荼毒，于今七年，隆冬裸袒食

冰。或煩悶。加以欬逆。或若温瘧。或類傷寒。浮氣流腫。四肢酸重。……初服寒食散。而性與之忤。每委頓不倫。嘗悲恚。叩刃欲自殺。叔母諫之而止。（皇一謐）

晉書賀循傳：及陳敏之亂。詐稱詔書。以循爲丹陽内史。循辭以腳疾。手不制筆。又服寒食散。露髮袒身。示不可用。敏竟不敢逼。（卷六十八）

八、延

宋書劉懷慎傳：孫亮……梁益二州刺史。……亮在梁州。忽服食修道。欲致長生。迎武當山道士孫道懷令合仙藥。至益州。泰豫元年藥始成。而未出火毒。孫不聽亮服。亮苦欲服。平旦。開城門取井華水服。至食鼓後。心動如刺。中間便絶。後人
藥成服之而卒。及就斂。屍猶如生（卷四十五）

登見。乘白馬。將數十人出冥西行。共謂爲殁。此乃道家所謂尸解者也。（四五〇上）

宋書紀僧真傳：僧真不信鬼神。所至必焚除房廟。時蔣山廟中有佳牛好馬。僧真並奪取之。……爲佛佛所擒。佛佛死。其子赫連昌爲索虜托跋燾所獲。僧真亦每没。初僧真在洛。敬事嵩山道士。道士爲燾所信敬。營護之。故得不死。（四八〇上）

又羊欣傳：素好黄老。常手自書章。有病不服藥。飲符水而已。兼善醫術。撰藥方十卷。（六二一上）（南史作數）

又沈攸之傳：湘州刺史桂陽王休範宦有異志。以微旨動攸之。使道士陳公昭作天公書一函。題云沈丞相。送付攸之門者。攸之不聞也。推日以昭。道之經也。

宋書周朗傳：世祖即位……時普責百官讜言。朗上書曰：……凡鬼道惑衆。妖巫破俗。觸木而言怪者不可數。寓采而稱神者非可算。其原本是亂男女。合飲食。因之而以祈祝。從之而以報請。是亂不誅。爲害未息。凡一苑始立。一神初興。淫風輒以之而甚。今脩隄以北。置園百里。峻山以右。居靈十房。糜財敗俗。其可稱限。又針藥之術。世寡復修。診脈之伎。人鮮能達。民因是益徵於鬼。遂棄於醫。重令耗惑不反。死夭復半。今太醫宜男女習教。在所應遣吏受業。如此。故當愈於媚神之愚。徵正腠理之敝矣。（八二）

宋書夷蠻傳：慧琳著均善論。其詞曰：……黑曰。道士……其黃老

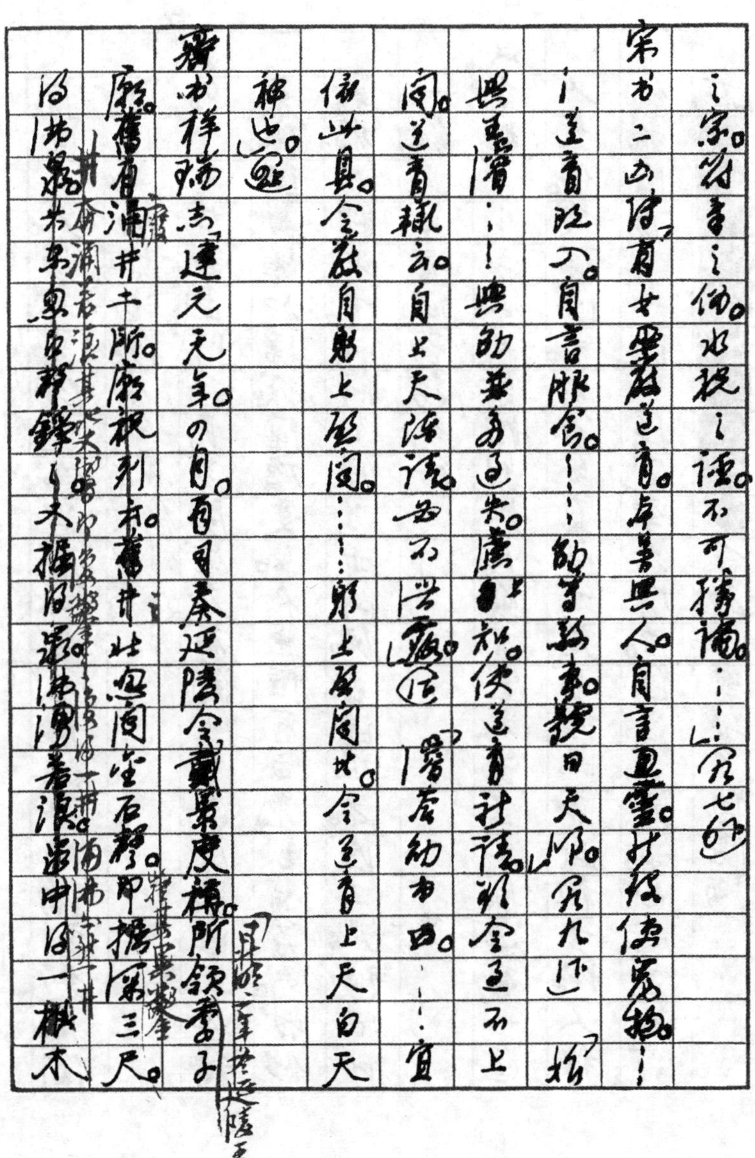

簡。長一尺。廣二寸。隱起文。曰廬山道人張陵再拜詣起居。簡
木堅白。而字色青。（齊志）南史獨高帝紀同注
又永明……九年。曲阿邳民黃慶宅左有園。園東南廣袤四丈。每種
菜。輒鮮異。雖加採拔。隨復更生。夜中恒有白光。皎質屬天。狀似
縣繒。私竊非常。詣師卜。道士傅德占。使掘之。深三尺。獲玉印
一鈕。文曰長承萬福。（齊志）
又永明……三年。七月。始興郡民龔玄宣云。去年二月。忽有一道
人乞食。因探懷中出篆書真經一卷。六紙。又表北極一紙。又移
付羅浮居士一紙。云從兜率天宫下。使道上天子。因失道人所
在。（齊志）案此道佛混淆

「南史張融傳：融年弱冠，道士同郡陸修靜以白鷺羽麈尾扇遺融，

曰：此既異物，以奉異人。（同上）

「南史高逸傳：褚伯玉，年十八，父為之婚，婦入前門，伯玉從後門出。

……孔稚珪從其受道法。（同上）

又顧歡事黃老道，解陰陽書，為數術多效驗。（同上） 南史高逸傳[illegible] 顧歡著夷夏

論。……宋司徒袁粲託為道人通公駁之……歡答曰：……「神

仙有死，權便之說。神仙是大化之[illegible]稱，非窮妙之至名。……至無

名，其有名者，二十七品，仙變成真，真變成神，或謂之聖，各有九

品。品極則入空寂，無為無名。若服食茹芝，延壽萬億，壽盡則死，

藥極則枯。此修考之士，[illegible]非神仙之流也。」 「明僧紹

正二教論。以為……今道家稱長生不死，名補天曹，大乖老莊
立言本理。(五の45上)
又劉虬，宋太始中，仕至晉平王驃騎記室、當陽令。罷官歸家，靜處
斷穀，餌朮及胡麻。……虬精信釋氏，衣麤布衣，禮佛長齋，注法
華經，自講佛義。……建武二年……卒。虬病，正晝有白雲徘徊
檐戶之內，又有香氣及磬聲，其日卒。(五の6上) 6下 (南史五)
又杜京產，字景齊，吳郡錢唐人。杜子恭玄孫也。祖運，為劉毅衛軍
參軍，父道鞠，州從事……世傳五斗米道，至京產及子栖……
與同郡顧歡同契。(五の7下)　本傳(南史隱逸傳上七五106)
梁書沈約傳……病，夢齊和帝以劍斷其舌。召巫視之，巫言如夢。

乃呼道士。綦毋懷文。授符付了事。不由己出。(十二七上)南史七五

梁書陸襄傳中大通……七年。出為鄱陽內史。先是郡民鮮于琛服食修道法。嘗入山採藥。拾得五色幡眊。又於地中得石璽。竊怪之。琛先與妻別室。望琛所處。常有異氣。益以為神。大同元年。遂結其門徒。殺廣晉令王□。號上願元年。署置官屬。其黨轉相誑惑。有衆萬餘人。將出攻郡。襄先已帥民吏修城隍。為備禦。及賊至。連戰破之。生獲琛。餘衆逃散。時鄱郡豫章安成等守宰。案治黨與。因求賄貨。皆不得其實。或有善人。盡室離禍。惟襄郡部。枉直無濫。(梁廿七)南史の四八

又處士傳。陶弘景。……年十歲。得葛洪神仙傳。晝夜研尋。便有養

敕所在月給伏苓五斤白蜜二升以供服餌

生之志。……永明十年。上表辭祿。……於是止於句容之句曲山。恒曰。此山下是第八洞宮。名金壇華陽之天。周回一百五十里。昔漢有咸陽三茅君得道。來掌此山。故謂之茅山。乃中山立館。自號華陽隱居。始從東陽孫遊岳受符圖經法。徧歷名山。尋訪仙藥。……建武中。齊宜都王鏗為明帝所害。其夜弘景夢鏗告別。因訪其幽冥中事。多說秘異。因著夢記焉。永元初。更築三層樓。弘景處其上。弟子居其中。賓客至其下。與物遂絕。唯一家僮得侍其旁。……尤明陰陽五行風角星算山川地理方圖產物醫術本草。著帝代年曆。又嘗造渾天象。云修道所須。非止史官是用。義師平建康。聞議禪代。弘景援引圖讖。數處皆成梁字。

弘景既得神符秘訣，以爲神丹可成，而苦無藥物。帝給黃金朱砂曾青雄黃等。後合飛丹，色如霜雪，服之體輕。及帝服飛丹有驗，益敬重之。每得其書，燒香虔受。……國家每有吉凶征討大事，無不前以諮詢。月中常有數信，時人謂爲山中宰相。

令弟子進之。……天監四年，移居積金東澗。善辟穀導引之法，年逾八十而有壯容。……嘗夢佛授其菩提記，名爲勝力菩薩。乃詣鄮縣阿育王塔自誓受五大戒。……大通初，令獻二丹於高祖，其一名善勝，一名成勝，並爲佳寶。大同二年卒，時年八十五。顏色不變，屈申如恒。（五一·弘景）

又陸恭秀服石食穀，恒吞紗臥於石。時時有者，言精解其。（五二·郭）

南史后妃傳：陳高宗宣柳皇后，后母蘇，嘗遇道士，以小龜遺之，光采五色。曰：三年有徵。及期，后生，紫光照室，因失龜所在。（十二上）

又元帝勳傳：道育之，所生天師青好將屋，時至夕臥，見流光於隨，此者螢火，遂入中箱，化爲流珠，圓青可愛。於是至及勳並信戚

之（古記）

南史江斅傳：構林廬。雖自嘗積為大官。數要雲詣門。方知廬之託數動。讀此車中而去。（冊六記）

又子蒨，蒨弟曇，曇子祿撰列仙傳十卷行於世（冊六記）

又沈約之傳：宋帝制以約之弟雅之孫僧昭為義興公主殿。僧昭。別名法朗。少事天師道士。常以甲子及甲午日夜著黃巾衣褐。醮於私室。時記人吉凶。頗有應驗。自云為太山錄事。幽司中有所收錄。必僧昭署名。中年為山陰縣。梁武陵王紀為會稽太守。宴坐池亭。蛙鳴聒耳。王曰。殊廢絲竹之聽。僧昭咒厭十許口。便息。及日晚。王又曰。欲其復鳴。僧昭曰。王歡已闌。恣汝鳴。即便

遙瞻天臺擁欄。中道而還。左右問其故。答曰。國家有急事須還
矣。問何以知之。曰。向聞南山虎留知耶。俄而使到。後頃語人曰。
昔爲此寺所僧。實有塔碑。今之自解。乃開匣出黃紙書。上有
一大字。人不可識。因教分判爲此。乃大清初。詔敕郡曰。改年爲
開皇。至雲十不一存。乃告諸弟子曰。既不獲譯。及訖。自口授之

（卅八上）

南史齊高帝諸子傳始興簡王鑑。自晉以來。益州刺史。皆以良將
爲之。宋泰始中。益州市橋忽生小洲。道士邵碩見之曰。當有貴
王臨州。劉亮爲刺史。齋前石榴樹陰生華蓋。亮以問碩。碩曰。此
假華。宋氏劉亮足以當之。後二年。亮當卒。後九載。宋有國滅之後

有王勝蓋來佃此州。冀於時當土采。後搭唐人。之徽二年。忽告人云。吾命終。因臥而死。後人見後在荊州上路。以一隻脚履縛左脚而行。古疾。遂不知所去。永徽二年。至市不復因識將為蓋州。皆以鑄為錢為荊州刺史。……勝蓋反請為檢無。後意於此乃驗。

（同三之上）

南史王敬則傳：敬則少時。於草中射獵。有蟲如烏豆。集其身。摘去乃脫。其處皆流血。敬則惡之。詣道士卜。道士曰。此封侯瑞也。（同五上）

南史孔珪傳：父靈產。泰始中晉安太守。有隱遁之志。於禹井山立館。事道精篤。吉日。於靜屋四向朝拜。涕泣滂沱。東出過錢唐北郭。

搬於舟中運抵杭子。桑基自此至杭東南向，坐不敢背倒……路經慈文桥衙寺——"况似"——疑為雪居白鳥寺目仰之與象瑩張以大明寶積南藏無寺可考也……（同九頁）

南史梁武帝諸子傳昭明太子統，初丁貴嬪薨。太子遣人求得善墓地。將斬草，有賣地者因閹人俞三副求市，若得三百萬，許以百萬與之。三副密啓武帝。言太子所得地，不如今所得地於帝吉。帝末年多忌。便命市之。葬畢。有道士善圖墓。云地不利長子。若厭伏。或可申延。乃為蠟鵝及諸物埋墓側長子位。有宮監鮑邈之、魏雅者。二人初並為太子所愛。邈之晚見疏於雅。密啓武帝。云雅為太子厭禱。帝密遣檢掘。果得鵝等物。大驚。將窮其事。

徐勉固諫，得止。於是唯誅道士。由此太子迄終以此慚慨，故其嗣不立。後邵陵王臨丹陽郡，因邈之與鄉人爭婢，議以為誘略之罪，牒宮。簡文追感太子冤，揮淚誅之。邈之兒子仍隨有官者。前者知邈之構，即日驅出。同三三上

又豫章王綜，招引道士，探求數術。同三四下

南史沈約傳，初，錢唐人杜炅，字子恭，通靈有道術。東土豪家，及都下貴望，並事之為弟子，執在三之敬。[illegible]宋世事道，亦敬事子恭。子恭死，門徒孫泰，泰之弟子恩，傳其業。穆復事之。隆安三年，恩於會稽作亂，自號征東將軍。三五下 嘗召穆夫子在會稽，恩以為餘姚令。及恩為劉牢之所破，穆夫見害。先是穆夫宗人沈預。

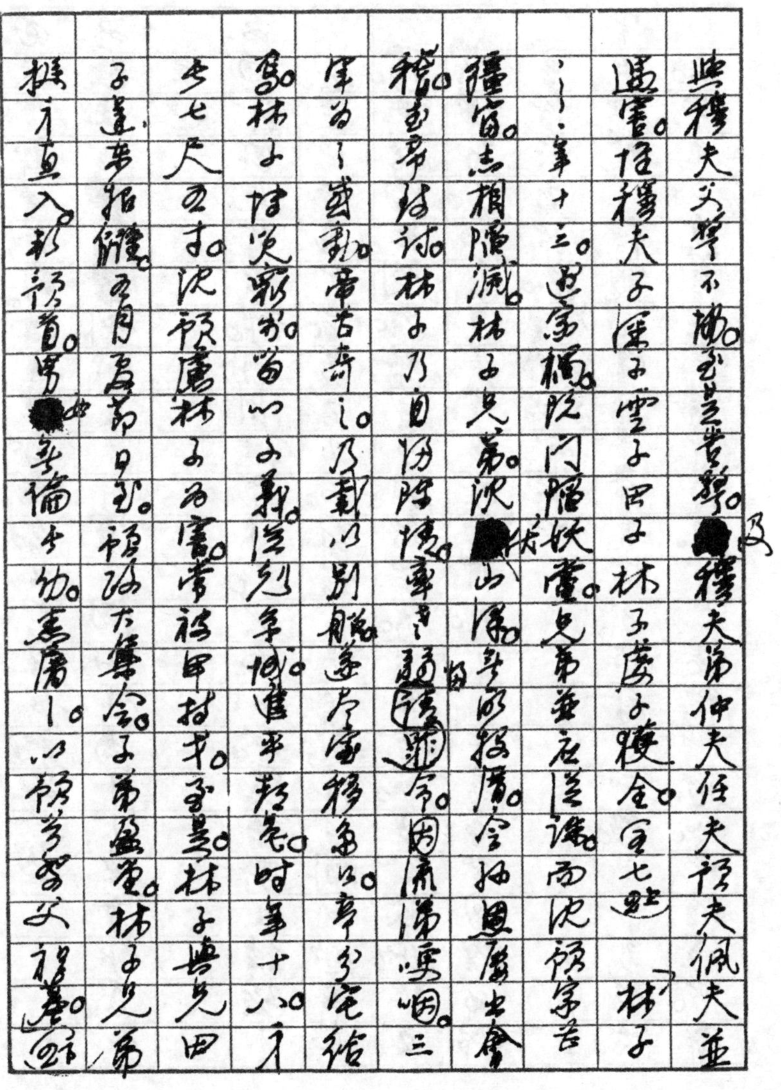

南史孝義傳：匡所隱金華山，服食，不與世人交。（七三，甡述）

又隱逸傳[illegible]劉凝之……隱居衡山之陽……常采藥服食（七五，甡述）

又南嶽鄧先生，名郁，荊州建平人也。少而不仕，隱居衡山極峻之嶺，立小板屋兩間，足不下山，斷穀三十餘載，唯以澗水服雲母屑，日夜誦大洞經。梁武帝敬信殊篤，爲帝合丹，帝不敢服，起五嶽樓貯之，供養道家，自行禮拜……武帝使周捨爲鄧立傳，具言其事。蓋增飾其事（七五，甡述）

宋書顧覬之傳：覬之嘗謂秉命有定分，非智力所移……乃以其意，命弟子愿著定命論。其辭曰：……若神仙所序，歸於修習，齋

疆埜平。厥驗未著。李覃董芬。其效安在。喬松之侶。靈飛天居。更

列之徒。風門出息。高由經籍物撰。質乃鑄藥算命。（同一節）

魏書世祖紀太平真君三年春正月。甲申。帝至道壇。親受符錄。備

法駕。旗幟盡青。語在釋老志。（同下條）北史二紀

又高宗紀興安元年。十二月。甲午。帝至道壇。登受圖錄。禮畢。曲赦京

師。北史作畿內。（同書五）北史二紀

又高祖紀太和十五年八月。戊戌。移道壇於桑乾之陰。改曰崇虛

寺。（同書七下）北史三紀

汝南王悅好左道。師仙藥之傳在。見魏書孝文五王傳（卷二十二）北史十九

書此或本傳在乃好師業

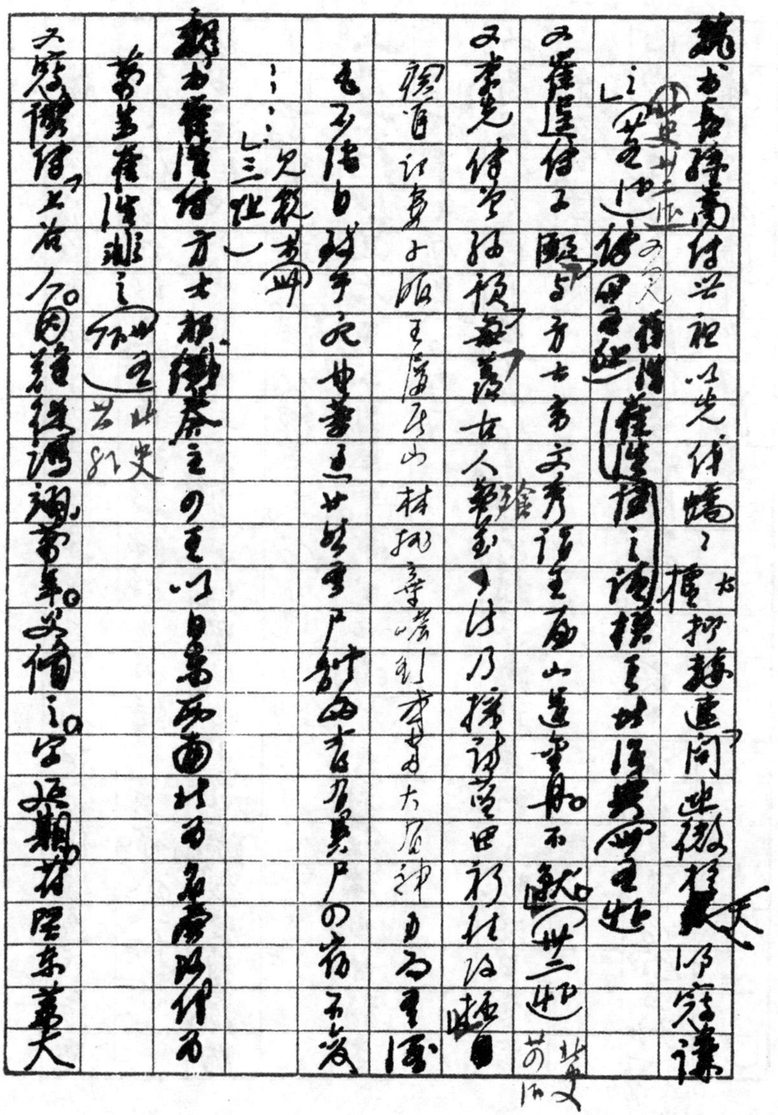

寇○讚弟謙之。有道術。世祖敬重之。故追贈脩之安西將軍秦州刺史馮翊公。賜命服。謚曰哀公。詔秦雍二州爲立碑於墓。又贈讚母爲馮翊夫人。及宗從追贈太守縣令侯子男者十六人。其臨民者七郡五縣。（四二，2下）

又高允傳：[illegible]孫和[illegible][illegible]於[illegible]郎白鹿山中。（四八，11下）

又術藝傳徐謇：謇欲爲高祖合金丹。致延年之法。乃入居嵩高。採營其物。歷歲無所成。遂罷。（九一，4下）謇常有藥餌及吞服道符。年垂八十。而鬢髮不白。力未多衰。（九一，5上）[illegible]

又僭晉司馬叡傳：孫恩[illegible][illegible]　王凝之事五斗米道（九六，7下、8上）

又島夷桓玄傳：玄乃留桓偉守江陵。率衆東下。至夏口。乃建牙傳撥回。[illegible]揚州刺史之職。……又以の藏[illegible]與[illegible]海之[illegible]。[illegible]與

諸梁之以。横侈著於之諷。好賦之器。[illegible]史此賢。府表[illegible]者。孫泰

備方藤。[illegible]超。與江府兵共[illegible]。秦[illegible]共[illegible]城[illegible]述

魏書官氏志：天興三年，又置仙人博士，官煮鍊百藥。（一一三 1下）

魏道武服寒食散，事具本紀（二 10下）。又本紀，北史一 9下

魏書太宗紀：泰常七年，初帝服寒食散，頻年動發，不堪萬機。五月詔皇太子臨朝聽政。（三 6上）北史一 13上

世[illegible]道家之學術，於方陽人……庫[illegible]仙人，以陰[illegible]

山[illegible][illegible][illegible]，[illegible]進[illegible]同[illegible]而乃年[illegible]

[illegible]其[illegible]令與諸術士[illegible]九[illegible]及[illegible]之[illegible]

[illegible]（四九上）

周書武帝紀天和三年八月癸酉。帝御大德殿。集百僚及沙門道
士等。親講禮記。（五上）

又四年二月戊辰。帝御大德殿。集百僚道士沙門等。討論釋老義。（五上）

又建德元年春正月戊午。帝幸玄都觀。親御法座講說。公卿道俗
論難。事畢。還宮。降死罪及流罪一等。其五歲刑已下並宥之。

（六上）

又二年十二月癸巳。集羣臣及沙門道士等。帝升高坐。辨釋三教
先後。以儒教為先。道教為次。佛教為後。（八上）

又三年五月丙子。初斷佛道二教。經像悉毀。罷沙門道士。並令還民。

並禁諸淫祀非其所載祀典者悉除之。（金紀十八世史）

又六月甲午，詔曰：……今可立道觀，擊召術士，先習其訓，學科

重祭。移請玄元，所以崇其道教者也。於國家社稷，並置祠廟，一以貫

之。……此（金紀十六上）

閩嗣主帝紀：建德五年九月丁丑，大醮於玉虛殿，以報吳越。（五代二十一）

又六年五月辛巳，大醮於玉虛殿，以報功也。（六十五）

又皇帝紀：大寧元年四月壬午，大醮於玉虛殿。（七十三）八月，初南

禮作別，昔愛則用法嚴密者。及帝即位，以德用和平。與福陵而附。

乃降之。至是，大醮於玉虛殿，昔天而禱。（七十三）冬，十月壬戌。

……是日，帝率道眾大醮，以高祖下壽帝御醮說，論謝於[illegible]

殿。是歲。初復佛像及天尊像。至是。帝與二像俱南面而坐。大陳雜戲。令京城士民（庶）縱觀。（宣紀）北史

周靜帝紀。宣帝崩。……其天中大皇后陳氏。天右大皇后元氏。天左大皇后尉遲氏。並出俗為尼。（同上）

又大象二年六月庚申。復行佛道二教。舊沙門道士精誠自守者。簡令入道。（同上）北史

又韋夐傳。武帝又以佛道儒三教不同。詔夐辨其優劣。夐以三教雖殊。同歸於善。其迹似有深淺。其致理殆無等級。乃著三教序奏之。帝覽而稱善。（周卅一）北史 韋傳

儒林傳沈重。天和中。復於紫極殿講三教義。朝士儒生。桑門道

志。嘗升二千餘人（同五上）……至於陰陽圖緯。道經釋典。靡

不通涉（同上五上）北史文苑序。史臣曰……史臣所聞物者。標決帝所予。小

此亦時事也。至於天文律曆。陰陽緯候。流略所載。釋老之典。靡

不博綜。前哲未出。鮮能時通。為一代儒宗。雖家無擇所

北史儒林傳。不具錄也。（同上六下）

魏書顯祖紀。天安元年三月辛亥。帝幸道壇。親受符籙。曲赦京師

（同上）北史二略

北史齊本紀文宣帝天保元年六月。分遣使人。致祭於五嶽四瀆。其堯祠

舜廟。下及孔父老君等。載於祀典者。咸秩罔遺。（七上）

又：……帝嘗問太山道士曰。吾得幾年為天子。答曰。得三十年。道

士女以帝舊宮后田。十年十月十日。自非三十也。去古甚久矣。

此樂處。……（甲延）

北史魏諸宗室傳：山陽侯壽延，桓帝時道家以黃老，引以純風化。修雜崇奉服餌。恬去雕飾。壽延屠修道度。帝往衛之。積其道。

因徵。唯隨死。（甲五紀）

又毗陵王順。道武好黃老。數召諸王及朝臣。親為說之。在坐莫不祗肅。惟順獨坐寐。不顧而唾。帝怒。廢之。以王薨于家。（甲五紀）

又北史崔浩傳：初浩父疾篤。乃翦爪截髮。夜在庭中。仰禱斗極。為父請命。求以身代。叩頭流血。歲餘不息。家人罕有知者。（甲五紀）

天師寇謙之。每與浩言。聞其論古興亡之迹。常自夜達旦。竦意斂容深美之。……因謂浩曰：吾當更修儒教，撫助太平真君。而學不稽古，而專攄刊正著政典，略論其大要。浩乃著書二十餘篇，上推太初，下盡秦漢變弊之迹，大旨先以復五等為本。太宗左右。忌浩正直，共排毀之。帝雖知其能，不免羣議，故浩以公歸第。及有疑議，召而問焉。……改曆第。因欲修服食養性之術，而寇謙之有神中錄圖新經，浩因師事之。（下）

北史李先傳：先子國，國子鳳，鳳子預，羨古人餐玉法，乃採訪藍田，躬往攻掘，得若環璧雜器形者大小百餘。稍有麤黑者，亦箧盛以還。至而觀之，皆光潤可玩。預乃椎七十枚為屑食之，餘多惠人。後預及聞者，更求於故處，皆無所見。馮翊公源懷等得其玉。

琢为器佩。皆鲜明可爱。预验经年。云有效验。而世事寝合。皆不
契验。不加将护摄者。及疾笃。谓妻子曰。吾酒色不绝。自致于死。
非药过也。然吾尸体必当有异。勿便速殡。令后人知餐服之妙。时
七月中旬。长安毒热。预停尸四宿。而体色不变。其妻常氏。以玉
珠二枚含之。口闭。常谓曰。君自云餐玉有神验。何不受含。言讫
齿启纳珠。因嘘属其口。都无秽气。举敛于棺。坚直不倾委。死时有
遗玉屑数斗。橐盛纳诸棺中。先少子皎。皎为寇谦之弟子。遂
服气绝粒数十年。隐于恒山。年九十余。颜如少童。一旦沐浴冠
带。家人异之。俄而坐卒。道士咸称其尸解仙去。皎将莘徽
补清河王怿府记室……性好老庄。甚嗤释教。灵太后临朝。除

有沙門惠憐。以咒水飲人。云能愈疾。百姓奔湊。日以千數。蕭徽面撲。稱其妖妄。因令蕭徽草奏以諫。太后納其言。(罗长子傳)

北史祖珽傳。帝盛怒。以刀鐶築口。鞭杖亂下。將撲殺之。大呼曰。不殺臣。陛下得名。殺臣。臣得名。若欲得名。莫殺臣。爲陛下合金丹。遂少獲寬。(同上)

又孟業傳。有一道士由吾道榮。以術藝被遇。將入內。業爲通名。忽於衆中抗聲奏云。由吾道士不合入觀。帝宣嗔之。令推而下之。(同上)

又李順興傳。初大統十三年。順興請周文曰。可於沙苑北作一老君象。面向北。作笑狀。周文曰。何爲。答曰。令笑破蠕蠕。時甚異之。未

終其家。及婿之國滅。同文懷詩。遂作順興家於其寺側。(八九北)

由吾道榮。見北史藝術傳下。文宣追往晉陽。……隋開皇初。備禮徵辟。授上儀同三司諫議大夫沭陽縣公。從晉王平陳。」慕洞視晉帆等之敗於江南。其日。道榮言之。與目見者同。鄉人從役自湖城。勘問殷時形勢。與道榮所說符同。(八九北)

北史藝術傳下。有綦毋懷文。文宣時。令與諸術士合九轉金丹。及成。帝置之玉匣。云我貪人間作樂。不能飛上天。待臨死時取服。(八九北)

北史真臘傳下。多奉佛法。尤信道士。佛及道士。並立像於其館。(九五北)

佛教大乘

以信樹了後者佛 200

宋人字生平明之教者行 162

浙省行佛藏四精 西紀錄

清世教人多不言此五人事

又否詞——今之存者 共

寧行佛藏後 218 乃多紀類後

如

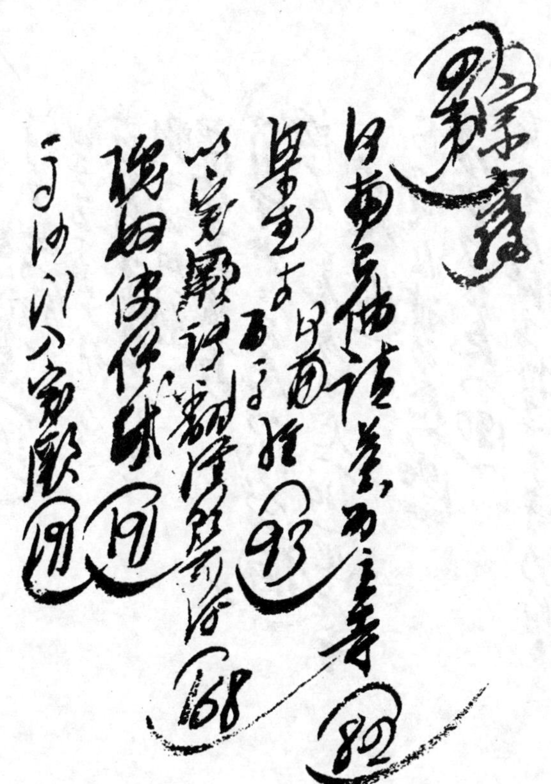

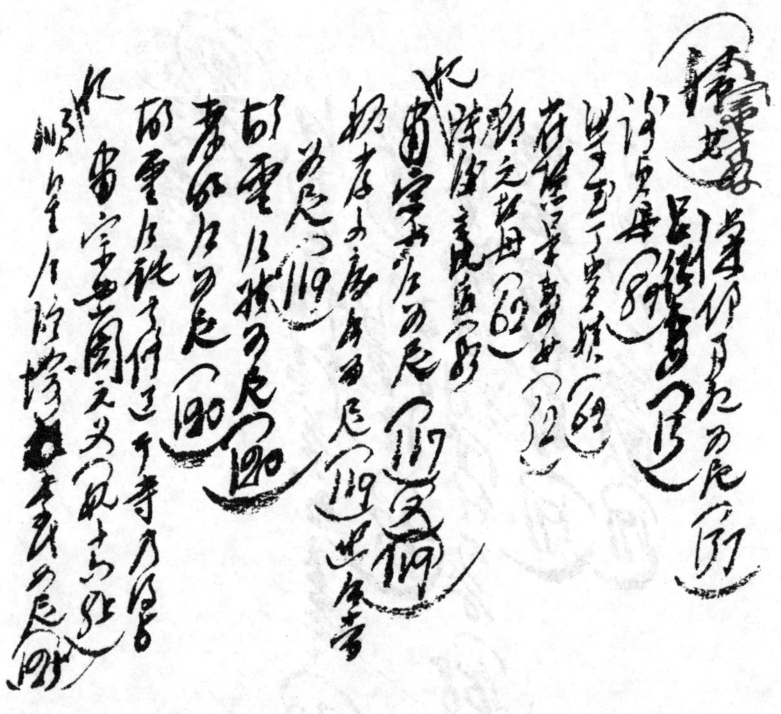

（唐寺）

宋务相六字傳（74）

唐平寺廿（76天頭）

江陰上延祖生年辯三九五寺（87）

唐書上宗尚元傳（總180）

寶林傳寺（146）

於乎居宅宮以佛寺（186）

石季龍信佛爲寺錢（187）

禮書高閎無度之錢（187）

寺稅千年修全（45）

佛學

# 六朝隋唐間有勢力諸宗派

| 宗名 | 開祖 | 印度遠祖 | 初起時 | 中盛時 | 衰替時 | 教判 |
|---|---|---|---|---|---|---|
| 成實宗 | 鳩摩羅什 | 訶梨跋摩 | 晉安帝時 | 六朝間 | 中唐以後 | 小乘 |
| 三論宗 | 嘉祥大師 | 龍樹、提婆 | 見上 | 見上 | 見上 | 權大乘 |
| 涅槃宗 | 曇無讖 | 世親 | 見上 | 宋齊 | 陳隋後歸入天台 | [illegible] |
| 律宗 | 南山律師 | 曇無德 | 晉武帝時 | 唐太宗時 | 元以後 | 權大乘 |
| 地論宗 | 光統律師 | 世親 | 見上 | 梁陳間 | 唐後併入華嚴 | [illegible] |
| 淨土宗 | 善導大師 | 馬鳴、龍樹、世親 | 見右上 | 唐高宗時 | 明末以後 | 大乘 |
| 禪宗 | 達摩大師 | 馬鳴、龍樹、提婆、世親 | 見上 | 見上 | 見上 | 大乘 |
| 俱舍宗 | 真諦三藏 | [illegible]世親 | 陳文帝時 | 中唐 | 晚唐以後 | 小乘 |
| 攝論宗 | 見上 | 無著、世親 | 見上 | 陳隋間 | 唐以後併入法相 | |
| 天台宗 | 智者大師 | —— | 陳隋間 | 隋唐間 | 盛唐以後 | 大乘 |
| 華嚴宗 | 杜順大師 | 馬鳴、堅慧 | 隋 | 唐則天后 | 同上 | 大乘 |
| 法相宗 | 玄奘大師 | 無著、世親 | 唐太宗時 | 盛唐 | 同上 | 權大乘 |
| 真言宗 | 不空三藏 | 龍樹、龍智 | 唐玄宗時 | 見上 | 同上 | 大乘 |

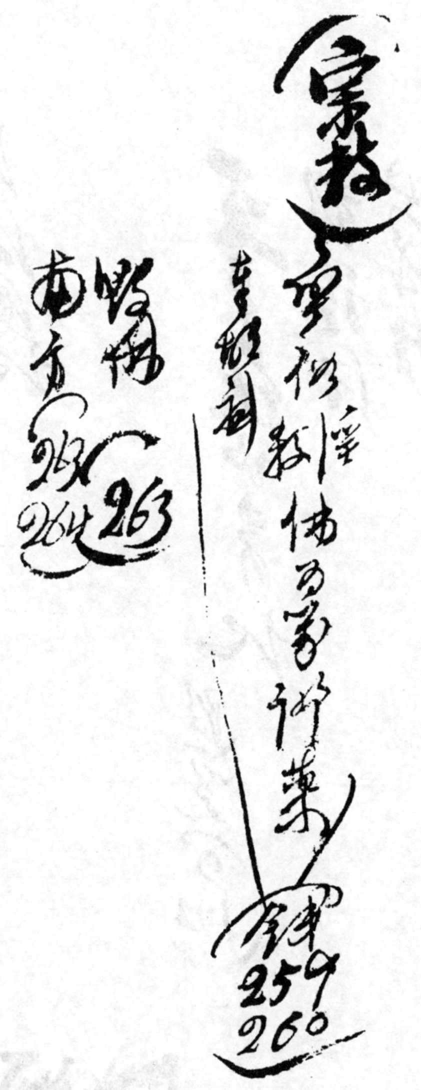

河源圖記

王子拾遺記　[illegible]（可附）

彭祖傳

廣成傳

郭[illegible]子經　郭生[illegible]傳

[illegible]

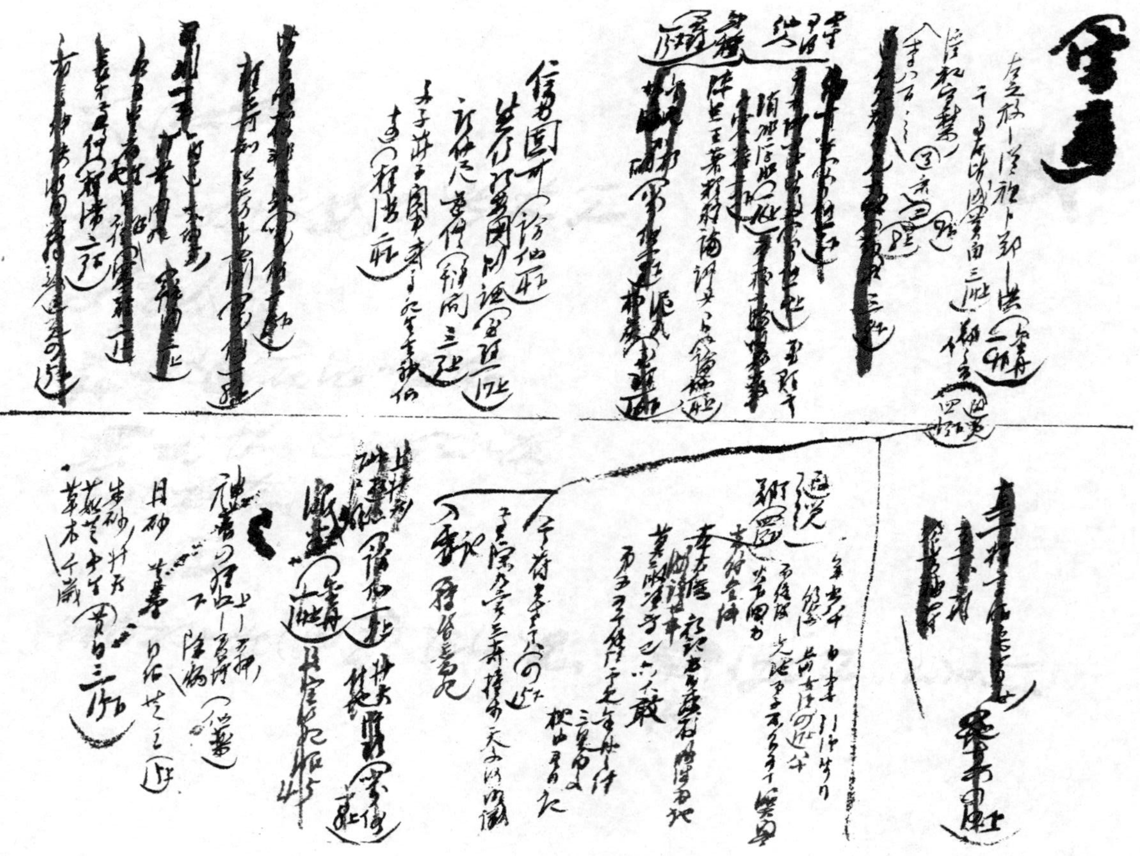

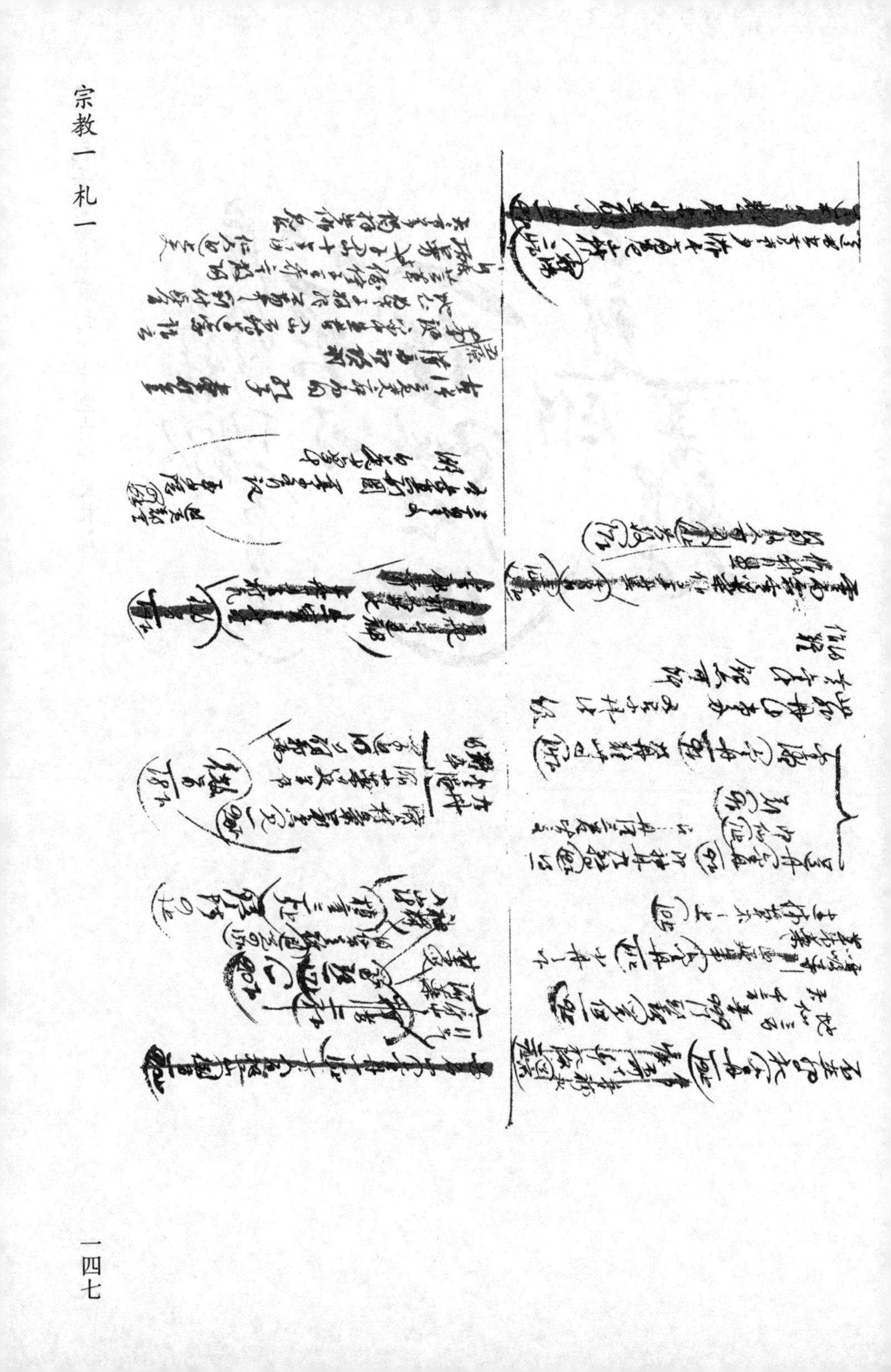

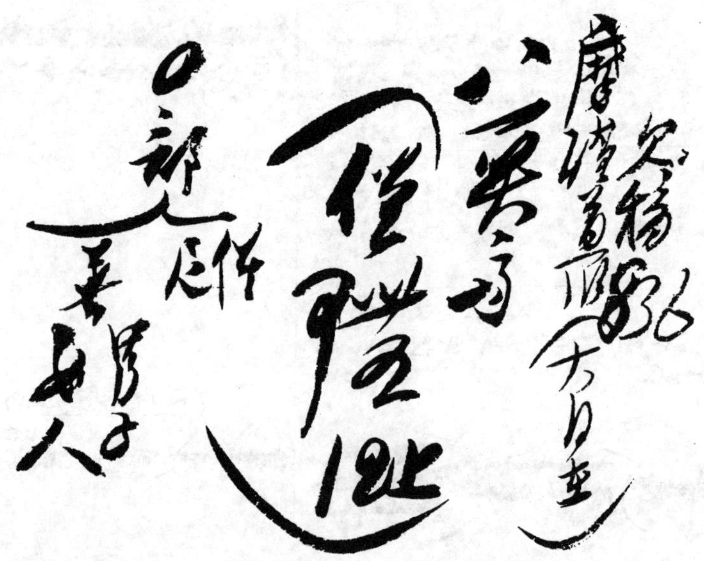

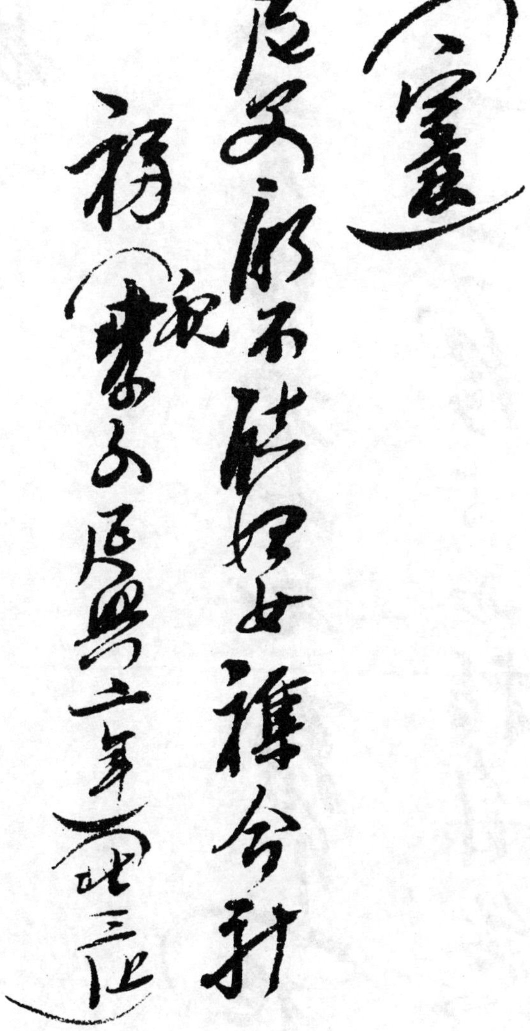

宗教

一、丁生星毛飛（抱二十）

十二、虎與山精自稱（抱十七）

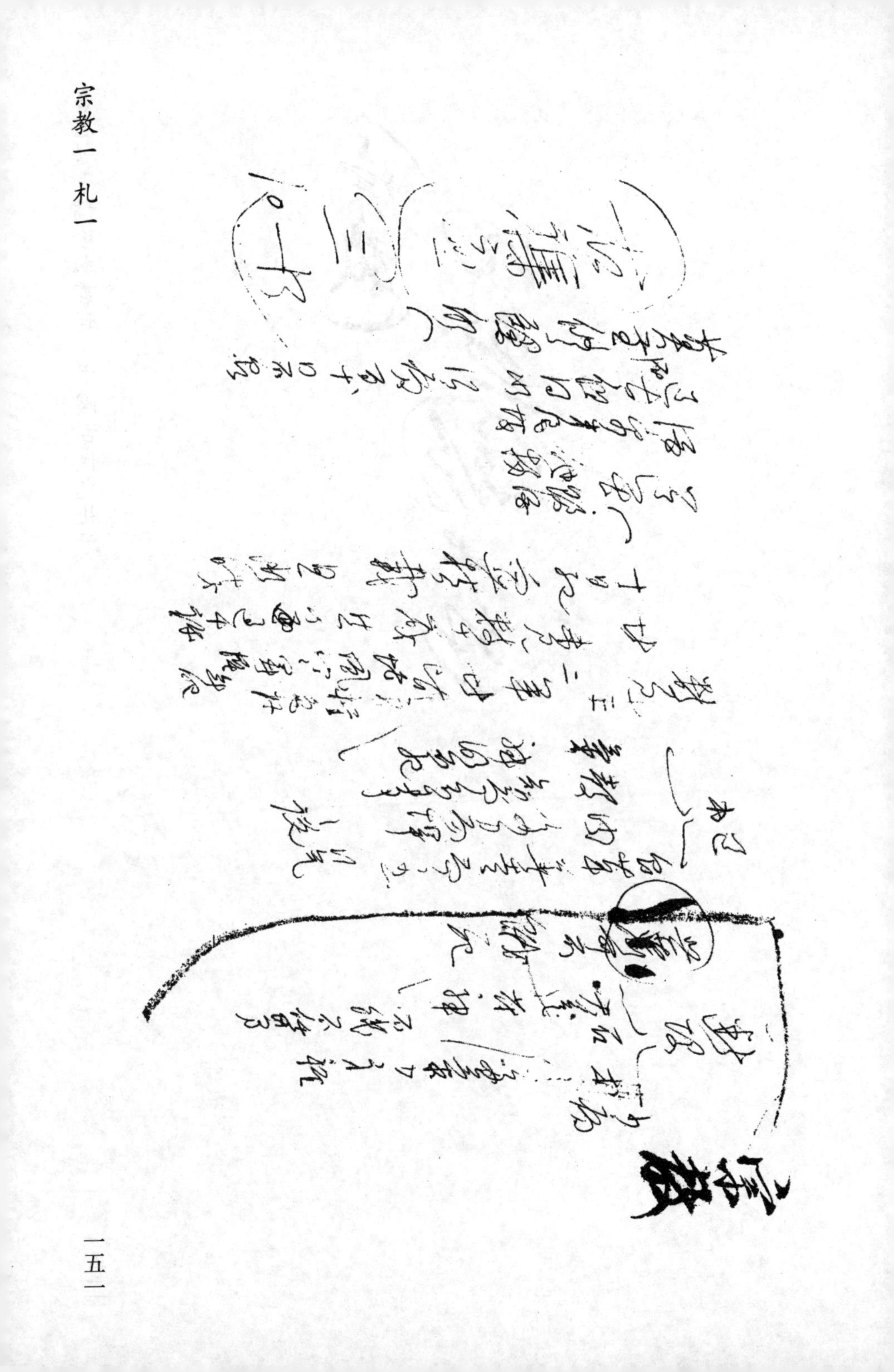

宗彝

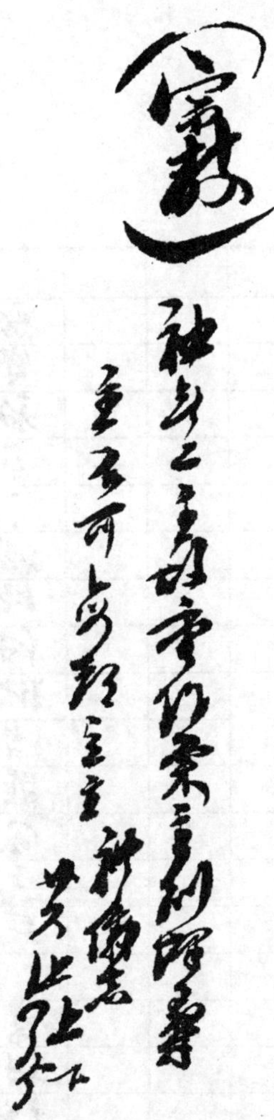

宗教

以術惑人

手書良路侍叢腊的……而始與國史。郡民聾者宣言神人與其至印至板。書而複寫。以紙使成字。自稱聖人。以此惑衆。弟伏郡守殺之。……賠的付獄治罪。(百三上)

某此從門募一自解散

神与自然法

基督教哲学　神与自然理性二者合一

因此自然法与神意亦合一

## 宗教

### 歐洲教權之極盛

歐洲教權盛時以為政治所以治人之宗教所以治人心　宗教其目的政治其手腕而已故政治當執行教義　國王當護衛宗教　政治之權力多與宗教爭以致且出於其下焉

政教之衝突起於十一世紀　自君士但丁改教以來

西羅馬之亡均係教權伸長之時而Excommunication（革除）其大柄也十字軍東征以教權併法皇帝敍任前貢行爭皆由之而決而政府利用教會政之一名教會利用政府以排斥異教十一世紀教會基督國用人多待國家銓敘自民事庭裁判行法　土地財產多代釋政府矣

# 宗教

## 信仰自由

路德云：「不可以法律迫之，第以法治之信仰，只可感道之，以勞只使彼莫執所見。」目今教會不恃教而求人誅異教人，及誅異教而不繼教令之淫暴而出之也，已略具信仰自由之義矣。

宗教

人類平等泯除國界種族乃羅馬人固有之理想
而猶太人反之其理想以其國為帝以其選擇人
希伯來從被敵俘虜奴隸外無多姓
猶太則執羅馬基督教則別建精神王國而已

## 宗教

### 神

人之死也其人之精隱的個人即成神此神無特愛

合凡人之所長綜而集其之極全知全能

# 道德與宗教

是道德然後是宗教非是 宗教然後是道德也
無宗教之人有道德於是宗教成為其更
高尚
宗教之初因乃共存之道德之習
自動物之有以至於人無道德安能存 然而無
信仰之人道相隔而無可觀之人道者之立腳
生活即是道德

初民謂一切物皆有活動——不論動植什

死與睡不明——如葬以食物

究之使人乃知自然死 然後有靈魂出外耳

與以夢而魄 兼此所以有復活之思想

其作為星

一切物皆有靈魂 萬物有靈論

魂有善惡 討其善 禦其惡 第此已與物合至 此人稱崇拜矣

進為祖先崇拜 氏族社會 由謹用崇拜同族

結合而出崇為同祖先為族之保護神

宗族經

族國

崇物崇拜進 自雷雨日海

求神之宗教而已之神也乃至偶象

月神星甘偶像

宗教

回青桃筋教

中國民族史321下册

喇嘛等級

又105

舊唐書中宗紀景龍二年二月癸未夜天狗星隕西南有聲如雷野雉皆雊

天慶紀……二年二月天狗隕于西南有聲如雷野雉皆雊見世要錄卷下

天慶二年二月十九日大星隕有聲如雷野雉皆雊

蒙安彦呈

# 宗教

靈子。九歌靈連蜷兮既留注靈巫也楚人名巫爲靈子

便方士自服所治劑。裴潾諫憲宗服方士柳泌等丹劑曰願以所治劑俾其人服之先一歲以考真僞則無不驗矣見唐書本傳此似善策然藥劑於人有宜有不宜如其利害非一年可見終亦不如清心寡欲不貪求長生之爲愈也

馬那。神靈入人身似即馬那

原民族神部落神。個人化之祖先傳於無名共同之關係

馬那。共同元素不關物體物未在而先在物已亡而猶存義提尼西亞以義爲地爲人之思想如此義提尼西亞之馬那則是也田之膜舟之行巫之治病皆由是此即精靈

（宗教）

韶嶽出年至金陵（宗教十八址）

嵩印東大封

宗教

蒼頡以龜背文爲八卦古字

水經渭水注 1930

# 宗教

## 教宗

向

天妃（媽祖）管海運人朱二郎出集邑之老小宅生脈

宗教

（地理志）（京兆尹）（藍田）曰虎候山祠秦孝公置也
（華陰）太華山在南有祠
（湖）曰周天子祠二所
（左馮翊）（谷口）曰天齊公五牀山仙人五帝祠四所（臨晉）曰
河水祠（雲陽）曰休屠金人及徑路神祠三所越
巫䢵𨛍祠三所孟康曰䢵音[illegible]一[illegible]越人祠䢵𨛍音
[illegible]
（右扶風）（郁夷）有汧水祠（雍）秦惠公都之有五畤太昊黃帝（[illegible]）
以下祠三百三所（隃麋）曰黃帝子祠　下無子字

(陳倉)有上公明星黃帝孫舜妻育冢祠 (虢)有黃帝子周文武祠 (武功)有垂山斜水淮山祠三所

(河東郡)(大陽)有天子廟 (蒲反)有堯山首山祠

(河南郡)(緱氏)有延壽城仙人祠

(東郡)(臨邑)有泲廟霸字以古中 (壽良)蚩尤祠在西北涑上

(陳留郡)(襄邑)有服官

(潁川郡)(崇高)武帝置以奉太室山是為中岳有太室少室山廟

(廬江郡)(灊)天柱山在南有祠

(常山郡)(上曲陽)恒山北谷在西北有祠

(泰山郡)(博)有■泰山廟(鉅平)有亭亭山祠(蒙陰)禹貢蒙山在
西南有祠
(齊郡)(臨朐)■有逢山祠
(東萊郡)(腄)有之罘山祠(黃)有萊山松林萊君祠(臨朐)
有海水祠■(曲成)有參山萬里沙祠(㡉)有百支■萊王祠
(不夜)有成山日祠
(琅邪郡)(不其)有太一仙人祠九所(朱虛)有三山五帝祠(琅邪)
有四時祠(長廣)有萊山萊王祠(昌)有環山祠
(臨淮郡)(海陵)有江海會祠
(會稽郡)無錫有歷山春申君歲祠以牛

益州郡（滇池）有黑水祠

金城郡（臨羌）有弱水昆侖山祠

安定郡（朝那）有端旬祠十五所胡巫祝又有湫淵祠

上郡（膚施）有五龍山帝原水黃帝祠四所

西河郡（鴻門）有天封苑火井祠火從地中出也

膠東國（即墨）有天室山祠（下密）有三石山祠

廣陵國（江都）有江水祠

迷信

將陵 史子回名曾以宣帝大母家封爲侯二千六百戶與平臺侯昆弟行也子回妻宜君故成王孫嫉妬絞殺侍婢四十餘人盜斷婦人初產子臂膝以爲媚道爲人所上書言論棄市子回以外家故不失侯

平臺 索隱志屬常山 史子叔名玄以宣帝大母家封爲侯二千五百戶衞太子時史氏內一女於太子嫁一女魯王今見魯王亦史氏外孫也外家有親以故貴數得賞賜

迷信

且四十餘歲至今元康元年中詔徵立以爲侯封五千戶宣帝舅父也

樂昌 索隱表在汝南 王稚君名武家在趙國常山廣望邑人也以宣帝舅父外家封爲侯邑五千戶平昌侯王長君弟也

邛成 索隱表在濟陰 王奉光家在房陵以女立爲宣帝皇后故封千五百戶言奉光初生時夜見光其上傳聞者以爲當貴云後果以女故爲侯

宗教

相卜

薄太后父吳人姓薄氏秦時與故魏王宗家女魏媼通【索隱】媼音烏老反然媼是婦人之老者通號故趙太后自稱媼及劉媼衛媼之屬是也生薄姬而薄父死山陰因葬焉【索隱】顧氏按冢墓記薄父冢在會稽縣西北㠗山上今猶有兆域㠗音莊洽反【正義】括地志云㠗山在越州會稽縣西北三里一名㠗山㠗音莊洽反及諸侯畔秦魏豹立爲魏王而魏媼內其女於魏宮媼之許負所相相薄姬云當生天子是時項羽方與漢王相距滎陽天下未有所定豹初與漢擊楚及聞許負言心獨喜因背漢而畔中立更與楚連和漢使曹參等擊虜魏王豹以其國爲郡而薄姬輸織室豹已死漢王入織室見薄姬有色詔內後宮歲餘不得幸始姬少時與管夫人趙子兒相愛約曰先貴無相忘已而管夫人趙子兒先幸漢王漢王坐河南宮成皋臺【索隱】按是河南宮之成皋臺漢書作成皋靈臺西征記云武牢城內有高祖殿西南有武庫也【正義】括地志云洛州氾水縣古東虢州故鄭之制邑漢之成皋縣也此兩美人相與笑薄姬初時約漢王聞之問其故兩人具以實告漢王漢王心慘然憐薄姬是日召而幸之薄姬曰昨暮夜妾夢蒼龍據吾腹高帝曰此貴徵也吾爲女遂成之一幸生男是爲代王其後薄姬希見高祖高祖崩諸御幸姬戚夫人之屬呂

追尊竇后父爲安成侯母曰安成夫人令清河置園邑二百家長丞奉守比靈文園法竇皇后兄竇長君【索隱】決錄云建字長君弟曰竇廣國字少君少君年四五歲時家貧爲人所略賣其家不知其處傳十餘家至宜陽爲其主入山作炭寒臥岸下百餘人岸崩盡壓殺臥者少君獨得脫不死自卜數日當爲侯從其家之長安【索隱】謂從逐其宜陽之主人家而皆往長安爲居也聞竇皇后新立家在觀津姓竇氏廣國去時雖小識其縣名及姓又常與其姊採桑墮用爲符信上書自陳竇皇后言之於文帝召見問之具言其故果是又復問他何以爲驗對曰姊去我西時與我決於傳舍中【索隱】決別也傳音轉傳舍謂郵亭傳置之舍蓋竇后初入宮時別其弟於傳舍之中也丐沐沐我【索隱】丐音蓋丐者乞也沐米潘也謂乞潘爲弟沐也請食飯我乃去於是竇后持之而泣泣涕交橫下侍御左右皆伏地泣助皇后悲哀乃厚賜田宅金錢封公昆弟家於長安【索隱】公亦祖也謂皇后同祖之昆弟如竇嬰即皇后從昆弟之比亦得家於長安故劉氏云公昆弟謂廣國等也絳侯灌將軍等曰

王太后槐里人【索隱】皇甫謐云后名娡音志地理志右扶風槐里本名廢丘【正義】括地志云太丘故城一名槐里亦曰廢丘城在雍州始平縣東南十里也母曰臧兒臧兒者故燕王臧荼孫也臧兒嫁爲槐里王仲妻生男曰信與兩女【索隱】即后及兒姁也而仲死臧兒更嫁長陵田氏生男蚡勝臧兒長女嫁爲金王孫婦生一女矣而臧兒卜筮之曰兩女皆當貴因欲奇兩女【索隱】奇者異之也漢書作倚倚依也乃奪金氏金氏怒不肯予決乃內之太子宮太子幸愛之生三女一男男方在身時王美人夢日入其懷以告太子太子曰此貴徵也未生而孝文帝崩孝景帝即位王夫人生男【索隱】即武帝也漢武故事云帝以乙酉年七月七日生於猗蘭殿也先是臧兒又入其少女兒姁【索隱】姁音況羽反兒姁生四男【索隱】謂廣川王越膠東王寄清河王乘常山王舜也景帝爲太子時薄太后以薄氏女爲妃及景帝立立妃曰薄皇后皇后毋子毋寵薄太后崩廢薄皇后景帝長男榮其母栗姬栗姬齊人也立榮爲太子長公主嫖有女欲予爲妃栗姬妒而景帝諸美人皆因長公主見景帝得貴幸皆過栗姬【索隱】過音戈謂踰之栗姬日怨怒謝長公主不許長公主欲予王夫人王夫人許之長公主怒而日讒栗姬短於景帝曰栗姬與諸貴夫人幸姬會常使侍者祝唾其背挾邪媚道景帝以故望之【索隱】望猶責望謂恨之也景帝嘗體不安心不樂屬諸子爲王者於栗姬曰百歲後善視之栗姬怒不肯應言不遜景帝恚心嗛之而未發也【索隱】嗛音銜漢書作銜銜猶恨也長公主日譽王夫人男之美景帝亦賢之又有曩者所夢日符計未有所定王夫人知帝望栗姬因怒未解陰使人趣大臣立栗姬爲皇后大行奏事畢【索隱】大行禮官行音衡曰子以母貴母以子貴【索隱】此皆公羊傳之文也今太子母無號宜立爲皇后景帝怒曰是而所宜言邪遂案誅大行而廢太子爲臨江王栗姬愈恚恨不得見以憂死卒立王夫人爲皇后其男爲太子封皇后兄信爲蓋侯【索隱】地理志縣名屬太山景帝崩太子襲號爲皇帝尊皇太后母臧兒爲平原君【正義】德州縣也封田蚡爲武安侯【索隱】地理志縣名屬魏郡【正義】括地志云武安故城在洺州武安縣西南七里六國時趙邑漢武安縣城也勝爲周陽侯【索隱】地理志縣名屬上郡【正義】括地志云周陽故城在絳州聞喜縣東二十九里也景帝十三男一男爲帝十二男皆爲王而兒姁早卒其四子皆爲王王太后長女號曰平陽公主【正義】括地志云平陽故城即晉州城西面今平陽故城東面也城記云堯築也次爲南宮公主【正義】南宮冀州

相

平恩　索隱志屬魏郡　許廣漢家昌邑坐事下蠶室獨有一女嫁之宣帝未立時素與廣漢出入相通相者言當大貴以故

廣漢施恩甚厚地節三年封爲侯邑三千戶病死無後國除

昌水　索隱表在於陵　田廣明故郎爲司馬稍遷至南郡都尉淮陽太守鴻臚左馮翊昭帝崩議廢昌邑王立宣帝决疑定策

乾隆四年校刊　史記卷二十　建元以來侯者年表　補　一四

札衔

署南海县正堂

清光绪十六年[illegible]一已移上省[illegible]

共[illegible]十年[illegible]

[illegible]县正堂

相 相

嘗息大澤之陂師古曰蓄水曰陂蓋於澤陂隄塘之上休息而寢寐也陂音彼皮反夢與神遇師古曰遇會也不期而會曰遇是時雷電晦冥師古曰晦冥皆謂暗也言大雷電而雲霧晝暗父太公往視則見交龍於上已而有娠應劭曰娠動懷任之意左傳曰邑姜方娠孟康曰娠音身漢史身多作娠古今字也師古曰孟說是也漢書皆以娠爲任身字邑姜方震自爲震動之字不作娠遂產高祖高祖爲人隆準而龍顏服虔曰準音拙應劭曰隆高也準頰權準也顏頟顙也李斐曰準鼻也文穎曰音準的之準晉灼曰戰國策云眉目準頞權衡史記秦始皇蜂目長準李說文音是也師古曰頯權頯字豈當借準爲之服音應說皆失之美須髯師古曰在頤曰須在頰曰髯髯音人占反左股有七十二黑子師古曰今中國通呼爲黶子吳楚俗謂之

古曰咸陽秦所都繇讀曰傜古通用字○劉攽曰常作嘗縱觀秦皇帝師古曰縱放也天子出行放人令觀觀音工喚反喟然大息曰嗟乎大丈夫當如此矣師古曰喟歎息貌大息言其歎息之大喟音丘位反單父人呂公孟康曰單音善父音甫師古曰地理志山陽縣也善沛令辟仇從之客因家焉師古曰與沛令相善因辟仇亡匿初就爲客後遂家沛也仇讎也音求沛中豪傑吏聞令有重客皆往賀師古曰以禮物相慶曰賀蕭何爲主吏孟康曰主吏功曹也主進文穎曰主賦斂禮進爲之帥也鄭氏曰主賦斂禮錢也師古曰進者會禮之財也字本作贐又作賮音皆同耳古字假借故轉而爲進賮又音才忍反陳遵傳云陳遂與宣帝博數負進帝後詔云可以償博進矣其進雖有別解然而所贈者之財疑亦會食義又與此通令諸大夫曰進不滿千錢坐之堂下師古曰令號令也大夫客之貴者總稱耳高祖爲亭長素易諸吏師古曰素故也謂舊時也易輕也音弋豉反乃紿爲謁曰賀錢萬應劭曰紿欺也師古曰爲謁者書刺自言爵里若今參見尊貴而通名也蓋當時自陳姓名并列賀錢數耳紿音徒亥反實不持一錢謁入呂公大驚起迎之門師古曰以其錢多故敬禮之呂公者好相人見高祖狀貌因重敬之引入坐上坐師古曰上坐尊處也令於尊處

乾隆四年校刊　前漢書卷一上　帝紀　一

坐上坐音才卧反好音呼到反下亦同蕭何曰劉季固多大言少成事高祖因狎侮諸客遂坐上坐無所詘師古曰詘曲撓也音丘勿反酒闌文穎曰闌言希也謂飲酒者半罷半在謂之闌呂公因目固留高祖師古曰不欲對坐者顯言故動目而留之竟酒後呂公曰臣少好相人張晏曰古人相與語多自稱臣自卑下之道也若今人相與言自稱僕也相人多矣無如季相願季自愛臣有息女願爲箕帚妾師古曰息生也言己所生之女酒罷呂媼怒呂公曰公始常欲奇此女與貴人師古曰奇異也謂顯而異之而嫁於貴人○朱子文曰欲字宜在女字之下當曰公始常奇此女欲與貴人於文爲順沛令善公求之不與何自妄許與劉季呂公曰此非兒女子所知卒與高祖師古曰卒終也呂公女迺呂后也生孝惠帝魯元公主服虔曰元長也食邑於魯韋昭曰元謚也師古曰公主惠帝之姊也以其最長故號曰元呂后謂高帝曰張王以魯元故不宜有謀齊悼惠王尊魯元公主爲太后當時並已謂之元不得爲謚也韋說失之○劉攽曰予謂顏氏呂后言以魯元非謚未必然也史家記事或有如此追言謚者貫高欲謀叛與張敖言謂高祖公年公子蓋與楹公言吾爲子白懸爽皆此類高祖嘗告歸之田服虔曰告音如嗥呼之嗥李斐曰休謁之名吉曰告凶曰寧孟康曰古者名吏休假曰告告又音嚳漢律吏二千石有予告有賜告予告者在官有功最法所當得也賜告者病滿三月當免天子優賜其告使得帶印綬將官屬歸家治病至成帝時郡國二千石賜告不得歸

史記

家至和帝時乃賜告絕師古曰告者請謁之言謂請休耳或謂之謝謝亦告也假爲嘉瞽二音並無別義固當依本字以讀之杜氏傳曰韓嬰子告老禮記曰若不得謝漢書諸云謝病皆同義呂后與兩子居田中有一老
父過請飲呂后因餔之師古曰餔食之也餔屈原曰餔其糟是也以食食人亦謂之餔國語曰國中童子無不餔也呂氏春秋曰下壺飧以餔之是也父本請飲后因食之故言餔也餔音必胡反○宋祁曰餔當作必故反老父
相后曰夫人天下貴人也令相兩子見孝惠曰夫人所以貴者乃此男也師古曰言因有此男故大貴相魯元亦皆貴老父已去高
祖適從旁舍來呂后具言客有過相我子母皆大貴高祖問曰未遠乃追及問老父老父曰鄉者夫人兒子皆以君如淳曰言并得君之
貴相也以或作似師古曰如說非也言夫人及兒子以君之故因得貴耳不當作似也鄉讀曰嚮君相貴不可言高祖乃謝曰誠如父言不敢忘德師古曰誠實也及高祖貴遂不知
老父處

詐衆

此與吾觀後世劉[illegible]書[illegible]十[illegible]陳[illegible]與[illegible]

[illegible]爲[illegible]說以欺[illegible]其[illegible]已而[illegible]道[illegible]爲[illegible]

誌識者記也○宋祁曰注文景德本縣下有縣字余靖等刊誤以史記注爲據删去寬仁愛人意豁如也師古曰豁然開大之貌音呼活反常有大度不事家人生產作業及壯試吏應劭曰試補吏爲泗上亭長師古曰秦法十里一亭亭長者主亭之吏也亭謂停留行旅宿食之館廷中吏無所不狎侮師古曰廷中郡府廷之中廷音定他皆類此好酒及色常從王媼武負貰酒如淳曰武姓也俗謂老大母爲阿負師古曰劉向列女傳云魏曲沃負者魏大夫如耳之母也此則古語謂老母爲負耳王媼王家之媼也武負武家之母也貰賒也李登呂忱並音式制反而今之讀者謂與射同乃引地名射陽其字作貰以爲證驗此說非也假令地名爲射自是假借亦猶鄮陽音紂蓮勺音酌當時所呼別有意義豈得即定其字以爲正音乎時飲醉卧武負王媼見其上常有怪高祖每酤留飲酒讎數倍如淳曰讎亦售也○宋祁曰一本無常字及見怪歲竟此兩家常折券棄責師古曰以簡牘爲契券既不徵索故折毀之棄其所負高祖常繇咸陽應劭曰繇者役也文穎曰咸陽今渭北渭城是也師

秦始皇帝嘗曰東南有天子氣於是東游以猒當之師古曰猒塞也音一涉反○宋祁曰當史義音丁浪反高祖隱於芒碭山澤間應劭曰芒屬沛國碭屬梁國二縣之界有山澤之固故隱

其間蘇林曰芒音忙碭音唐師古曰碭亦音宕所言屬沛國梁國者皆是注釋之人據見在所屬非必本當時稱號境界他皆類此呂后與人俱求常得之高祖怪問之呂后曰○宋祁曰今越本作高祖怪問呂后后曰季所居上常有雲氣故從往常得季師古曰言隨雲氣所在而求得之高祖又喜沛中子弟或聞之多欲附者矣

范增說項羽曰沛公居山東時貪於財貨好美姬今入關財物無所取婦女無所幸此其志不在小吾令人望其氣皆爲龍虎成五采此天子氣也急擊勿失楚左尹項伯者項羽季父也【索隱】名纏字伯後封射陽侯素善留侯張良張良是時從沛公項伯乃夜馳之沛公軍私見張良具告以事欲呼張良與俱去曰毋從俱死也張良曰臣爲韓王送沛公【正義】爲于僞反沛公今事有急亡去不義不可不語良乃入具告沛公沛公大驚曰爲之奈何張良曰誰

史記項羽紀

孝武陳皇后長公主嫖女也曾祖父陳嬰與項羽俱起後歸漢爲堂邑侯傳子至孫午午尚長公主生女初武帝得立爲太子長主有力取主女爲妃及帝即位立爲皇后擅寵驕貴十餘年而無子聞衛子夫得幸幾死者數焉師古曰幾音鉅依反數音所角反上愈怒后又挾婦人媚道頗覺元光五年上遂窮治之女子楚服等坐爲皇后巫蠱祠祭祝詛大逆無道相連及誅者三百餘人楚服梟首於市使有司賜皇后策曰皇后失序惑於巫祝師古曰言失德義之序而妄祝詛也不可以承天命其上璽綬罷退居長門宮明年堂邑侯午薨生男須嗣侯主寡居私近董偃十餘年主薨須坐淫亂兄弟爭財當死自殺國除後數年廢后乃薨葬霸陵郎官亭東

孝武衛皇后字子夫生微也其家號曰衛氏出平陽侯邑子夫爲平陽主謳者師古曰謳音一侯反武帝即位數年無子平陽主求

遂著之許氏許氏自知爲鳳所不佑師古曰佑助也久之皇后寵亦益衰而後宮多新愛后姊平安剛侯夫人謁等爲媚道祝詛後宮有身者王美人及鳳等師古曰謁古謁字事發覺太后大怒下吏考問謁等誅死許后坐廢處昭臺宮師古曰在上林苑中親屬皆歸故郡山陽后弟子平恩侯旦就國凡立十四年而廢在昭臺歲餘還徙長定宮師古曰三輔黃圖林光宮有長定宮後九年上憐許氏下詔曰蓋聞仁不遺遠誼不忘親前平安剛侯夫人謁坐大逆罪家屬幸蒙赦令歸故郡朕惟平恩戴侯先帝外祖魂神廢棄莫奉祭祀念之未嘗忘于心其還平恩侯旦及親屬在山陽郡者是歲廢后敗先是廢后姊孊寡居與定陵侯淳于長私通師古曰孊者后姊之名也音靡因爲之小妻長紿之曰師古曰紿誑也我能白東宮復立許后爲左皇后廢后因孊私賂遺長數通書記相報謝長書有誖謾師古曰誖惑亂也謾誑也誖音布內反嫚與慢同發覺天子使廷尉孔光持節賜廢后藥自殺葬延陵交道廄西

孝成班倢伃帝初即位選入後宮始爲少使蛾而大幸如淳曰蛾無幾之頃也師古曰蛾與俄同古字通用爲倢伃居增成舍應劭曰後宮有八區增成第三也再就館蘇林曰外舍産子也晉灼曰謂陽祿與柘觀有男數月失之成帝遊於後庭嘗欲與倢伃同輦載倢伃辭曰觀古圖畫賢聖之君皆有名臣在側三代末主迺有嬖女今欲同輦得無近似之乎上善其言而止太后聞之喜曰古有樊姬今有班倢伃張晏曰楚王好田樊姬爲不食禽獸之肉倢伃誦詩及窈窕德象女師之篇師古曰詩謂關雎以下也窈窕德象女師之篇皆古箴戒之書也故傳云誦詩及窈窕以下諸篇明詩外別有此篇耳而說者便謂窈窕等即是詩篇蓋失之矣每進見上疏依

則古禮自鴻嘉後上稍隆於內寵倢伃進侍者李平平得幸立爲倢伃上曰始衛皇后亦從微起廼賜平姓曰衛所謂衛倢伃



也其後趙飛燕姊弟亦從自微賤興踰越禮制寖盛於前（師古曰踰與踰同寖漸也）班倢伃及許皇后皆失寵稀復進見鴻嘉三年趙飛燕譖告許皇后班倢伃挾媚道祝詛後宮詈及主上許皇后坐廢考問班倢伃倢伃對曰妾聞死生有命富貴在天脩正尚未蒙福爲邪欲以何望使鬼神有知不受不臣之愬（師古曰祝詛主上是不臣也）如其無知愬之何益故不爲也上善其對憐憫之賜黃金百斤

趙氏姊弟驕妬倢伃恐久見危求共養太后長信宮（師古曰共音居用反養音弋向反）上許焉

孝元馮昭儀平帝祖母也元帝即位二年以選入後宮時父奉世爲執金吾昭儀始爲長使數月至美人後五年就館生男拜爲倢伃時父奉世爲右將軍光祿勳奉世長男野王爲左馮翊父子並居朝廷議者以爲器能當其位非用女寵故也而馮倢伃內寵與傅昭儀等建昭中上幸虎圈鬬獸後宮皆坐熊佚出圈（師古曰佚字與逸同）攀檻欲上殿左右貴人傅昭儀等皆驚走馮倢伃直前當熊而立左右格殺熊上問人情驚懼何故前當熊倢伃對曰猛獸得人而止妾恐熊至御坐故以身當之元帝嗟嘆以此倍敬重焉傅昭儀等皆慙明年夏馮倢伃男立爲信都王尊倢伃爲昭儀元帝崩爲信都太后與王俱居儲元宮（師古曰宮在上林苑中）河平中隨王之國後徙中山是爲孝王後徵定陶王爲太子封中山王舅參爲宜鄉侯參馮太后少弟也是歲孝王薨有一男嗣爲王時未滿歲有眚病（孟康曰災眚之眚謂妖病也蘇林曰名爲肝厥發時唇口手足十指甲皆青師古曰下云禱祠解舍孟說是也未滿歲者謂爲王未滿歲也眚音所領反字不作青服蘇誤也）太后自養視數禱祠解（師古曰解音解）哀帝即位遣中郎謁者張由將醫治中山小王由素有狂易病（師古曰狂易者狂而變易常性也）病發怒去西歸長安尚書簿責擅去狀（師古曰簿責以文簿一一責問也）由恐因誣言中山太后祝詛上及太后太后即傅昭儀也素常怨馮太后因是遣御史丁玄案驗盡收御者官吏及馮氏昆弟在國者百餘人分繫雒陽魏郡鉅鹿數十日無所得更使中謁者令史立（師古曰官爲中謁者令姓史名立）



與丞相長史大鴻臚丞雜治立受傳太后指幾得封侯（師古曰幾讀曰冀）治馮太后女弟習及寡弟婦君之死者數十人巫劉吾服祝詛醫徐遂成言習君之曰武帝時醫脩氏刺治武帝得二千萬耳（師古曰刺治謂鍼之）今愈上不得封侯不如殺上令中山王代可得封立等劾奏祝詛謀反大逆責問馮太后無服辭立曰熊之上殿何其勇今何怯也太后還謂左右此廼中語前世事（師古曰中語謂宮中語）

之言語也吏何用知之。是欲陷我效也。師古曰效徵驗也迺飲藥自殺。先未死有司請誅之上不忍致法廢爲庶人徙雲陽宮既死有司復奏太后死在未廢前有詔以諸侯王太后儀葬之宜鄉侯參君之習夫及子當相坐者或自殺或伏法。參女弁爲孝王后有兩女。有司奏免爲庶人。與馮氏宗族徙歸故郡。張由以先告賜爵關內侯。史立遷中太僕。哀帝崩大司徒孔光奏由前誣告骨肉。立陷人入大辟。爲國家結怨於天下以取秩遷獲爵邑幸蒙赦令請免爲庶人徙合浦云

宗教

孝武鉤弋趙倢伃昭帝母也家在河間武帝巡狩過河間望氣者言此有奇女天子亟使使召之既至女兩手皆拳上自披之手即時伸由是得幸號曰拳夫人先是其父坐法宮刑爲中黃門死長安葬雍門（師古曰雍門在長安西北孝里西南去長安三十里黃圖云趙父冢在門西也）拳夫人進爲倢伃居鉤弋宮（師古曰黃圖鉤弋宮在城外漢武故事曰在直門南也）大有寵元始三年生昭帝號鉤弋子任身十四月迺生上曰聞昔堯十四月而生今鉤弋亦然迺命其所生門曰堯母門後衛太子敗而燕王旦廣陵王胥多過失寵姬王夫人男齊懷王李夫人男昌邑哀王皆蚤薨鉤弋子年五六歲壯大多知（師古曰壯大者言其形體偉大）上常言類我又感其生與衆異甚奇愛之心欲立焉以其年穉母少恐女主顓恣亂國家猶與久之（師古曰與讀曰豫）鉤弋倢伃從幸甘泉有過見譴以憂死（師古曰譴責也音口羨反）因葬雲陽（師古曰在甘泉宮南今土俗人呼爲女陵）後上疾病乃立鉤弋子爲皇太子拜奉車都尉霍光爲大司馬大將軍輔少主明日帝崩昭帝即位追尊鉤弋倢伃爲皇太后

漢書外戚傳

戚

宗教

乾隆四年校刊　前漢書卷五十三景十三王列傳廣川王去　三

有幸姬王昭平王地餘許以爲后

去嘗疾姬陽成昭信侍視甚謹師古曰陽成姓也昭信名也更愛之去與地餘戲得褏中刀師古曰褏古袖字笞問狀服欲與昭平共殺昭信笞問昭平不服以鐵鍼鍼之師古曰鍼刺也鍼音之林反彊服乃會諸姬去以劍自擊地餘令昭信擊昭平皆死昭信曰兩姬婢且泄口復絞殺從婢三人後昭信病夢見昭平等以狀告去去曰虜乃復見畏我師古曰言其見形令我畏忌也見音胡電反獨可燔燒耳掘出尸皆燒爲灰後去立昭信爲后幸姬陶望卿爲脩靡夫人主繒帛崔脩成爲明貞夫人主永巷昭信復譖望卿曰與我無禮衣服常鮮於我師古曰鮮謂新華也盡取善繒匄諸宮人師古曰匄乞遺之也音工艾反去曰若數惡望卿不能減我愛師古曰若汝也惡謂讒毀也設聞其淫我亨之矣後昭信謂去曰前畫工畫望卿舍望卿袒裼傅粉其傍師古曰袒裼脫衣露其肩背也袒音但裼音錫又數出入南戶窺郎吏疑有姦去曰善司之以故益不愛望卿後與昭信等飲諸姬皆侍去爲望卿作歌曰背尊章嫖以忽孟康曰嫖音匹昭反師古曰尊章猶言舅姑也今關中俗婦呼舅爲鍾鍾者章聲之轉也○宋祁曰注文呼舅下當有姑字謀屈奇起自絕師古曰屈奇詭異也屈音其勿反行周流自生患諒非望今誰怨師古曰諒信也言苦被貪寵信非所望今見罪責無所怨也使美人相和歌之去曰是中當有自知者昭信知去已怒即誣言望卿歷指郎吏臥處具知其主名又言郎中令錦被疑有姦去即與昭信從諸姬至望卿所贏其身更擊之師古曰更音工衡反令諸姬各持燒鐵共灼望卿望卿走自投井死昭信出之椓杙其陰中師古曰杙橜也椓音竹角反杙音弋割其鼻脣斷其舌謂去曰前殺昭平反來畏我師古曰令我恐畏也今欲靡爛望卿使不能神師古曰靡碎也音糜其下亦同與去共支解置大鑊中取桃灰毒藥并煮之召諸姬皆臨觀連日夜靡盡復共殺其女弟都

# 宗教

衛皇后字子夫生微矣蓋其家號曰衛氏【正義】衛青傳云父鄭季為吏給事平陽侯家與侯妾衛媼通生青故冒衛氏出平陽侯邑【集解】徐廣曰平陽侯曹壽尚平陽公主子夫為平陽主謳者武帝初即位數歲無子平陽主求諸良家子女十餘人飾置家武帝祓【集解】徐廣曰三月上巳臨水祓除謂之禊呂后本紀亦云三月祓還過軹道蓋與游字相似故或定之也【索隱】小顏祓音廢今亦音拂謂謂祓禊之遊水自潔故云祓除也霸上還因過平陽主主見所侍美人上弗說既飲謳者進上望見獨說衛子夫是日武帝起更衣子夫侍尚衣軒中得幸【正義】尚主也於主衣車中得幸也上還坐驩甚賜平陽主金千斤主因奏子夫奉送

定稿

材料不剝削陳腐、、、結构太一般化系累甚之

眉目已望露乎標題上不敢

气

華

鄉

祠藏于帝廷以合明應制曰可入海求蓬萊者言蓬萊不遠而不能至者殆不見其氣上乃遣望氣佐候其氣云其秋上

幸雍且郊或曰五帝太一之佐也宜立太一而上親郊之上疑未定齊人公孫卿曰今年得寶鼎其冬辛巳朔旦冬至與

甘脩书

封禪書

漢高令縣爲公社。[illegible]

高祖十年春，有司請令縣常以春二月及臘祠社稷以羊豕，民里社各自財以祠。制曰可。

又言帝

王建立社稷，百王不易。社者，土也。宗廟，王者所居。稷者，百穀之主，所吕奉宗廟，共粢盛，師古曰：共讀與供同。人所食吕生活也。王者莫不尊重親祭，自爲之主，禮如宗廟。詩曰「乃立冢土」。師古曰：大雅緜之詩也。冢，大也。土，土神，謂大社也。又曰「吕御田祖，吕祈甘雨」。師古曰：小雅甫田之詩也。田祖，稷神也。言設樂以御祭於神，爲農求甘雨也。禮記曰「唯祭宗廟社稷，爲越紼而行事」。李奇曰：引棺車謂之紼。當祭天地五祀，則越紼而行事，不以私喪廢公祀。師古曰：紼，引車索也。音弗。聖漢興，禮儀稍定，已有官社，未立官稷。臣瓚曰：高帝除秦社稷，立漢社稷，禮所謂大社也。時又立官社，配以夏禹，所謂王社也。見漢祀令，而未立官稷。至此始立之。世祖中興，不立官稷，相承至今也。遂於官社後立官稷，吕夏禹配食官社，后稷配食官稷。稷種穀樹。師古曰：穀樹，楮樹也。其子類穀，故於稷種之。徐州牧歲貢五色土各一斗。

師古曰道讀曰導當此之時后不省方師古曰謂冬夏日至之時后君也方常也不親常務故天子不親而遣有司所以正承天順地。宋祁曰一本作承順天地復聖王之制顯太祖之功也渭陽祠勿復修羣望未悉定定復奏奏可三十餘年間天墜之祠五徙焉後莽又奏言書曰類於上帝禋于六宗師古曰虞書舜典也並已解於上歐陽大小夏侯三家說六宗皆曰上不及天下不及墜旁不及四方在六者之間助陰陽變化實一而名六名實不相應禮記祀典功施於民則祀之天文日月星辰所昭仰也地理山川海澤所生殖也易有八卦乾坤六子水火不相逮靁風不相誖山澤通氣然後能變化既成萬物也師古曰乾爲父坤爲母震爲長男巽爲長女坎爲中男離爲中女艮爲少男兌爲少女故云六子也水火坎離也靁風震巽也山澤艮兌也逮及誖亂也既盡也靁古雷字也誖音布內反臣前奏徙甘泉泰時汾陰后土皆復于南北郊謹按周官兆五帝于四郊山川各因其方師古曰春官小宗伯之職也兆謂爲壇之營域也五帝於四郊謂青帝於東郊赤帝及黃帝於南郊白帝於西郊黑帝於北郊也各因其方謂順其所在也今五帝兆居在雍五時不合於古又日月靁風山澤易卦六子之尊氣所謂六宗也星辰水火溝瀆皆六宗之屬也今或未特祀或無兆居謹與太師光大司徒宮羲和歆等八十九人議皆曰天子父事天毋事墜今稱天神曰皇天上帝泰一兆曰泰時而稱墜祇曰后土與中央黃靈同又兆北郊未有尊稱宜令墜祇稱皇墜后祇兆曰廣時易曰方以類聚物以羣分師古曰易上繫之辭也方謂所向之地分羣神以類相從爲五部兆天墜之別神中央帝黃靈后土時及日廟北辰北斗塡星中宿中宮于長安城之未墜兆東方帝太昊青靈勾芒時及靁公風伯廟歲星東宿東宮于東郊兆南方炎帝赤靈祝融時及熒惑星南宿南宮于南郊兆西方帝少皞白靈蓐收時及太白星西宿西宮于西郊兆北方帝顓頊黑靈玄冥時及月廟雨師廟辰星北宿北宮于北郊兆劉攽曰兆字衍奏可於是長安旁諸廟兆時甚盛矣

似雉之說

〔索隱〕姚氏云猎當作獵鄭衆註周禮云獵讀曰薦謂垂之於紳帶之間今秦鄭意以猎爲薦則薦亦是進進而置於紳帶之間故史記亦多作薦字也作鄜畤後九年文公獲若石云于陳倉北阪城祠之〔集解〕蘇林曰質如石似肝虔曰在北或曰在陳倉北〔索隱〕云亦辭也〔正義〕三秦記云太白山西有陳倉山山有石雞與山雞不別趙高燒山山雞飛去而石雞不去晨鳴山頭聲聞三里或言是玉雞括地志云陳倉山在岐州陳倉縣南又云寶雞神祠在漢陳倉縣故城中今陳倉縣東石雞在陳倉山上祠在陳倉城故宮墟若石于陳倉北阪城祠之其神或歲不至或歲數來來也常以夜光輝若流星從東南來集于祠城則若雄雞其聲殷云野雞夜雊〔集解〕如淳曰野雞雉也呂后名雉故曰野雞贊曰殷聲也云足句之辭以一牢祠命曰陳寶〔集解〕贊曰陳倉縣有寶夫人祠或一歲二歲與葉君合葉神來時天爲之殷殷雷鳴雉爲雊在長安正西五百里韋昭曰在陳倉縣寶而祠之故曰陳寶〔索隱〕列異傳云陳倉人得異物以獻之道遇二童子云此名爲媦在地下食死人腦媦乃言彼二童子名陳寶得雄者王得雌者霸乃逐童子化爲雉秦穆公大獵果獲其雌爲立祠祭有光雷電之聲雄止南陽有赤光長十餘丈來入陳倉祠中所以代俗謂之寶夫人祠抑有由也葉縣名在南陽葉君卽雄雉之神故時與寶夫人神合也作鄜畤後

乾隆四年校刊　史記卷二十八　封禪書　二十九

文公……十九年得陳寶〔索隱〕按漢書郊祀志云文公獲若石云于陳倉北坂城祠之其神來若雄雉其聲殷云野雞夜鳴以牢祠之號曰陳寶又臣瓚云陳倉縣有寶夫人祠歲與葉君神會也蘇林云質如石似肝云語辭〔正義〕括地志云寶雞神在岐州陳倉縣東二十里故陳倉城中晉太康地志云秦文公時陳倉人獵得獸若彘不知名牽以獻之逢二童子童子曰此名爲媦常在地中食死人腦卽欲殺之拍捶其首媦亦語曰二童子名陳寶得雄者王得雌者霸陳倉人乃逐二童子化爲雉雉上陳倉北阪爲石秦祠之搜神記云其雄者飛至南陽其後光武起於南陽皆如其言也一

十年法初有三族之罪〔集解〕張晏曰父母兄弟妻子也如淳曰父族母族妻族也二十七年伐南山大梓豐大特〔集解〕徐廣曰今武都故道有怒特祠圖大牛上生樹本有牛從木中出後見於豐水之中〔正義〕括地志云大梓樹在岐州陳倉縣南十里倉山上錄異傳云秦文公時雍南山有大梓樹文公伐之輒有大風雨樹生合不斷時有一人病夜往山中聞有鬼語樹神曰秦若使人被髮以朱絲繞樹伐汝汝得不困耶樹神無言明日病人語聞公如其言伐樹斷中有一青牛出走入豐水中其後牛出豐水中使騎擊之不勝有騎墮地復上髮解牛畏之入不出故置髦頭漢魏晉因之武都郡立怒特祠是大梓牛神也按今俗畫青牛障是

移皇紀二千三百年楮有不日 祠

封禪也郎如遠方禪 祠也既如自其祠不能平天子

之祀為之 之其禮祀即其當禮禮祀祠移之禮

下

春秋年代，是尚西伐犬戎，[illegible][illegible]賢乎老人能否

何處初尋以前祠，祖[illegible]如古[illegible]焉

畤城蓬山於臨胸與此相應不然太山自在五嶽何可罷之方士使者副佐本草待詔七十餘人皆歸家（師古曰本草待詔謂以方藥本草而待詔者）明年匡衡坐事免官爵衆庶多言不當變動祭祀者又初罷甘泉泰畤作南郊日大風壞甘泉竹宮折拔畤中樹木十圍以上百餘天子異之以問劉向對曰（○宋祁曰向字下當更有向字）家人尚不欲絶種祠（師古曰家人謂庶人之家也種祠繼嗣所傳祠也）況於國之神寶舊畤且甘泉汾陰及雍五畤始立皆有神祇感應然後營之非苟而已也武宣之世奉此三神禮敬敕備（師古曰敕整也）神光尤著祖宗所立神祇舊位誠未易動及陳寶祠自秦文公至今七百餘歲矣漢興世世常來光色赤黃長四五丈直祠而息音聲砰隱野雞皆雊（師古曰直當也息止也當祠處而止也砰音普萌反）每見雍太祝祠以太牢遣候者乘傳馳詣行在所（師古曰候神之來也傳音丁戀反）以爲福祥高祖時五來文帝二十六來武帝七十五來宣帝二十五來初元元年以來亦二十來此陽氣舊祠也及漢宗廟之禮不得擅議皆祖宗之君與賢臣所共定古今異制經無明文

室上遂郊雍至隴西西登崆峒幸甘泉令祠官寬舒等具太一祠壇祠壇放薄忌太一壇壇三垓（集解徐廣曰垓階次也）五帝壇環居其下各如其方黃帝西南除八通鬼道太一其所用如雍一畤物而加醴棗脯之屬殺一貍牛以爲俎豆牢具而五帝獨有俎豆醴進其下四方地爲醱食羣臣從者及北斗云已祠胙餘皆燎之其牛色白鹿居其中彘在鹿中水而洎之（集解徐廣曰洎一作酒灌水於釜中曰洎音冀）祭日以牛祭月以羊彘特（索隱樂彥云祭日以太牢月以少牢特不用彘也小顏云牛羊若彘止一牲故云特也）太一祝宰則衣紫及繡五帝各如其色日赤月白十一月辛巳朔旦冬至昧爽天子始郊拜太一朝朝日夕夕月則揖而見太一如雍郊禮其贊饗曰（索隱顧氏云饗祀祠也漢舊儀云贊饗一人秩六百石是也）天始以寶鼎神策授皇帝朔而又朔終而復始皇帝敬拜見焉而衣上黃其祠列火滿壇壇旁亨炊具有司云祠上有光焉公卿言皇帝始郊見太一雲陽有司奉瑄玉嘉牲薦饗是夜有美光及晝黃氣上屬天太史公祠官寬舒等曰神靈之休祐福兆祥宜因此地光域立太畤壇以明應令太祝領秋及臘間祠三歲天子一郊見其秋爲伐南越告禱太一以牡荊畫幡日月北斗登龍以象太一三星爲太一鋒（集解徐廣曰天官書曰天極星明者太一常居也斗口三星曰天一 索隱……天子祭太一……天神也澤山本紀作澤山澤山君地……）命曰靈旗爲兵禱則太史奉以指所伐國（索隱顧氏案地理志建安有武夷山溪有仙人葬處即漢志書所謂武夷君是時既用越巫勇之疑即此神今案其祀用乾魚不享牲牢或如顧說也）陰陽使者以一牛令祠官領之如其方而祠於忌太一壇旁其後天子苑有白鹿以其皮爲幣以發瑞應造白金焉（索隱樂彥……）

封禪書

神貴　古者　門於　一太　黃帝

曲城蓬山於臨朐與此相應不然太山自在五嶽何可罷之方士使者副佐本草待詔七十餘人皆歸家師古曰本草待詔謂以方藥本草而待詔者明年匡衡坐事免官爵衆庶多言不當變動祭祀者又初罷甘泉泰畤作南郊日大風壞甘泉竹宮折拔畤中樹木十圍以上百餘天子異之以問劉向對曰宋祁曰向字下當更有向字家人尚不欲絶種祠師古曰家人謂庶人之家也種祠繼嗣所傳祠也況於國之神寶舊畤且甘泉汾陰及雍五畤始立皆有神祇感應然後營之非苟而已也武宣之世奉此三神禮敬敕備師古曰敕整也神光尤著祖宗所立神祇舊位誠未易動及陳寶祠自秦文公至今七百餘歲矣漢興世世常來光色赤黃長四五丈直祠而息音聲砰隱野雞皆雊師古曰直當也息止也當祠處而止也砰音普萌反每見雊太祝祠以太牢遣候者乘傳馳詣行在所師古曰報神之來也傳音丁戀反以爲福祥高祖時五來文帝二十六來武帝七十五來宣帝二十五來初元元年以來亦二十來此陽氣舊祠也及漢宗廟之禮不得擅議皆祖宗之君與賢臣所共定古今異制經無明文

不見其人云

東史寬舒受其方求蓬萊安期生莫能得而海上燕齊怪迂之方士多更來言神事矣亳人謬忌奏祠太一方曰天神貴者太一索隱樂汁徵圖曰天宮紫微北極天一太一宋均云天一太一北極神之別名春秋佐助期曰紫宮天皇耀魄寶之所理也石氏云天一太一各一星在紫宮門外立承事天皇大帝太一佐曰五帝古者天子以春秋祭太一東南郊用太牢七日爲壇開八通之鬼道索隱司馬彪續漢書祭祀志云壇有八陛通道以爲門又三輔黃圖云上帝壇八觚神道八通廣三十步也於是天子令太祝立其祠長安東南郊常奉祠如忌方其後人有上書言古者天子三年壹用太牢祠神三一天一地一太一天子許之令太祝領祠之於忌太一壇上如其方後人復有上書言古者天子常以春解祠索隱謂祠祭以解殃咎求福祥也祠黃帝用一梟破鏡冥羊用羊祠馬行用一青牡馬太一澤集解徐廣曰澤一作皋山君地長用牛索隱此則人上書言古天子祭太一太一天神也澤山本紀作皋山澤山君地長謂祭地於皋山同用太牢故云用牛蓋是異代之法也武夷君用乾魚索隱顧氏案地理志建安有武夷山溪有仙人葬處即漢志書所謂武夷君是時既用越巫勇之疑即此神今案其祀用乾魚蓋不享牲或如顧說也陰陽使者以一牛令祠官領之如其方而祠於忌太一壇旁其後天子苑有白鹿以其皮爲幣以發瑞應造白金焉索隱

建武

七年五月詔三公曰漢當郊堯其與卿大夫博士議時侍御史杜林上疏以爲漢起不因緣堯與殷周異宜而舊制以高帝配方軍師在外且可如元年郊祀故事上從之語在林傳東觀書載林上疏悉於本傳曰臣聞營河雒以爲民刻肌膚以爲刑封疆畫界以建諸侯井田什一以供國用三代之所同及至漢興因時宜趨世務省煩苛取實事不苟貪高亢之論是以去土中之京師就關內之遠都除肉刑之重律用髡鉗之輕法郡縣不置世祿之家農人三十而取一政卑易行禮簡易從民無愚智思仰漢德樂承漢祀基業特起不因緣堯堯遠於漢民不曉信言提其耳終不悅諭后稷近於周民戶知之世據以興基由其祚本與漢異郊祀高帝誠從民望得萬國之歡心天下福應莫大於此民奉種祀且猶世主不失先俗羣臣僉薦鯀考績不成九載乃殛宗廟至重衆心難違不可卒改詩云不愆不忘率由舊章明當尊用祖宗之故文章也宜如舊制以解天下之惑合於易之所謂先天而天弗違後天而奉天時義方軍師在外祭可且如元年郊祭故事隴蜀平後乃增廣郊祀高帝配食位在中壇上西面北上漢舊儀曰祭天

續書郊祀志

是時既滅南越越人勇之【集解】韋昭曰越地人名也乃言越人俗信鬼而其祠皆見鬼數有效昔東甌王敬鬼壽至百六十歲後世謾怠故衰耗乃令越巫立越祝祠安臺無壇亦祠天神上帝百鬼而以雞卜【集解】駰案漢書音義曰持雞用卜如鼠卜【正義】雞卜法用雞一狗一生祝願訖即殺雞狗煮熟又祭取雞兩眼骨上自有孔裂似人物形則吉不足則凶今嶺南猶行此法也上信之越祠雞卜始用焉

白虎

泰山與河歲五祠江水四餘皆一禱而三祠云時南郡獲白虎獻其皮牙爪上爲立祠又以方士言爲隨侯劍寶玉寶璧周康

寶鼎立四祠於未央宮中〔劉敞曰四祠隨侯一也劍寶[illegible]二也玉寶璧即受命寶和氏璧三也三物皆漢天子世傳者非周康寶鼎爲四周康寶鼎似汾上所得鼎也〕又祠太室山於即墨三

戶山於下密〔師古曰即墨下密皆膠東之縣也〕祠天封苑火井於鴻門〔如淳曰地理志西河鴻門縣有天封苑火井祠火從地中出〕又立歲星辰星太白熒惑南斗祠於長

安城旁〔本無城字〕〔宋祁曰南〕又祠參山八神於曲城〔師古曰東萊之縣也〕蓬山石社石鼓於臨朐〔師古曰臨朐齊郡縣也朐音劬地理志蓬山作逢山也〕之罘山於腄成山

於不夜萊山於黃〔應劭曰腄音甄晉灼曰腄不夜黃縣皆屬東萊師古曰腄音丈瑞反〕成山祠日萊山祠月又祠四時於琅邪蚩尤於壽良〔師古曰東郡之縣也〕京師近縣

鄠則有勞谷五牀山日月五帝僊人玉女祠雲陽有徑路神祠祭休屠王也〔師古曰休屠匈奴王號也徑路匈奴之祠也休音許虯反屠音除〕〔宋祁曰徑路祠本[illegible]〕又立五龍山

僊人祠及黃帝天神帝原水凡四祠於膚施〔師古曰膚施上郡之縣也〕或言益州有金馬碧雞之神〔如淳曰金形似馬碧形似雞〕可醮祭而致於是遣諫

告祠世宗廟日

# 物

[illegible]

[illegible]

[illegible]

[illegible]

[illegible]

[illegible]

[illegible]

學術　[illegible]

陰陽

[illegible]學

倫[illegible]世之

至

逢萌傳

逢萌字子慶北海都昌人也（人。劉攽曰案萌北海人則當是蓬非逢也）家貧給事縣爲亭長時尉行過亭萌候迎拜謁既而擲楯歎曰（亭長主捕盜賊故執楯）大丈夫安能爲人役哉遂去之長安學通春秋經時王莽殺其子宇（前書莽隔絶平帝外家衛氏宇恐帝大後見怨以爲莽不可諫而好鬼神卽夜持血灑莽第門吏發覺之莽執宇送獄飲藥而死）萌謂友人曰三綱絶矣（謂君臣夫婦父子）不去禍將及人卽解冠掛東都城門（漢宮殿名東都門今名青門也前書音義曰長安東都城北頭第一門）歸將家屬浮海客於遼東萌素明陰陽知莽將敗有頃乃首戴瓦盎（盎盆也）哭於市曰新乎新乎（莽號新室故哭之）因遂潛藏及光武卽位乃之琅邪勞山（在今萊州卽墨縣東南有大勞小勞山）養志脩道人皆化其德北海太守素聞其高遣吏奉謁致禮萌不荅太守懷憤而使捕之吏叩頭曰子慶大賢天下共聞所在之處人敬如父往必不獲秖自毀辱太守怒收之繫獄更發它吏行至勞山人果相率以兵弩捍禦吏被傷流血奔而還後詔書徵萌託以老耄迷路東西語使者云朝廷所以徵我者以其有益於政尚不知方面所在安能濟時乎卽便駕歸連徵不起以壽終初萌與同郡徐房平原李子雲王君公相友善並曉陰陽懷德穢行房與子雲養徒各千人君公遭亂獨不去儈牛自隱（儈謂平會兩家買賣之價）時人謂之論（○劉攽曰案謂之論都不是當作爲之語）曰避世牆東王君公（嵇康高士傳曰君公明易爲郎數言事不用乃自汙與官婢通免歸詐狂儈牛口無二價也）

# 宋 術

後
方術傳（任文公）父文孫明曉天官風角祕要文公少修父術
（郭憲）同。（許楊）少好術數（高獲）善天文曉遁甲
（王喬）同。（謝夷吾）學風角占候 第五倫為督郵推考星度 時博士渤海郭鳳亦好
圖讖善說災異（楊由）少習易并七政元氣風雲占候（李南）明于風角
吉凶占應（李郃）頡）太學（郃）善 襲父業河洛風星（段翳）習易經明風角
女亦曉 家術（廖扶）習韓詩歐陽尚書 尤明天文讖緯風角推步之術 樊英 習京氏易
也為書原尼風角星算河洛七緯推步災異（北海郎宗）學京氏易善風角
星算六日七分書也）（郎顗）少傳父業兼明經典 隱居以說災異（唐檀）習
子穀
京氏易韓詩顏氏春秋尤好災異星占 後內傳韓詩公羊春秋
曰明經術 明曉占候（許曼）祖父峻 善卜占之術 學少傳
學（趙彥）宗資 討 琅邪 遁甲（公沙穆）風 善

天高萬仞　華嶽[illegible]

吃

坐呪咀失國廿

曲周侯酈終根 史記高祖功臣侯年表 漢書作以呪詛上要斬

陽河侯仁 征和三年十月仁與母坐呪咀大逆無道國除 漢書作要斬

漢書景武昭宣元成功臣表 敬侯買 征和三年坐呪咀上下獄病死

史記建元以來侯者年表補

律

吵一

二千戶今爲梟騎都尉侍中坐祠宗廟乘小車奪百戶

爰戚 趙成索隱漢表作趙長平用發覺楚國事侯二千三百戶地節元年楚王與廣陵王謀反成發覺反狀天子推恩廣德義下詔書曰無治廣陵王廣陵王不變更後復坐祝詛滅國自殺國除今帝復立子爲廣陵王

酇 地節三年天子下詔書曰朕聞漢之興相國蕭何功第一今絕無後朕甚憐之其以邑三千戶封蕭何玄孫建世爲酇侯

平昌 王長君名無故家在趙國常山廣望邑人也衛太子時嫁太子家爲太子男史皇孫爲配生子男絕不聞聲問行

漢書景武昭宣元成功臣表 外石侯以丞相 下酇侯蕭喜 漢坐呪咀上要斬 外戚恩澤侯表 宜陵侯息夫躬坐呪咀下獄死

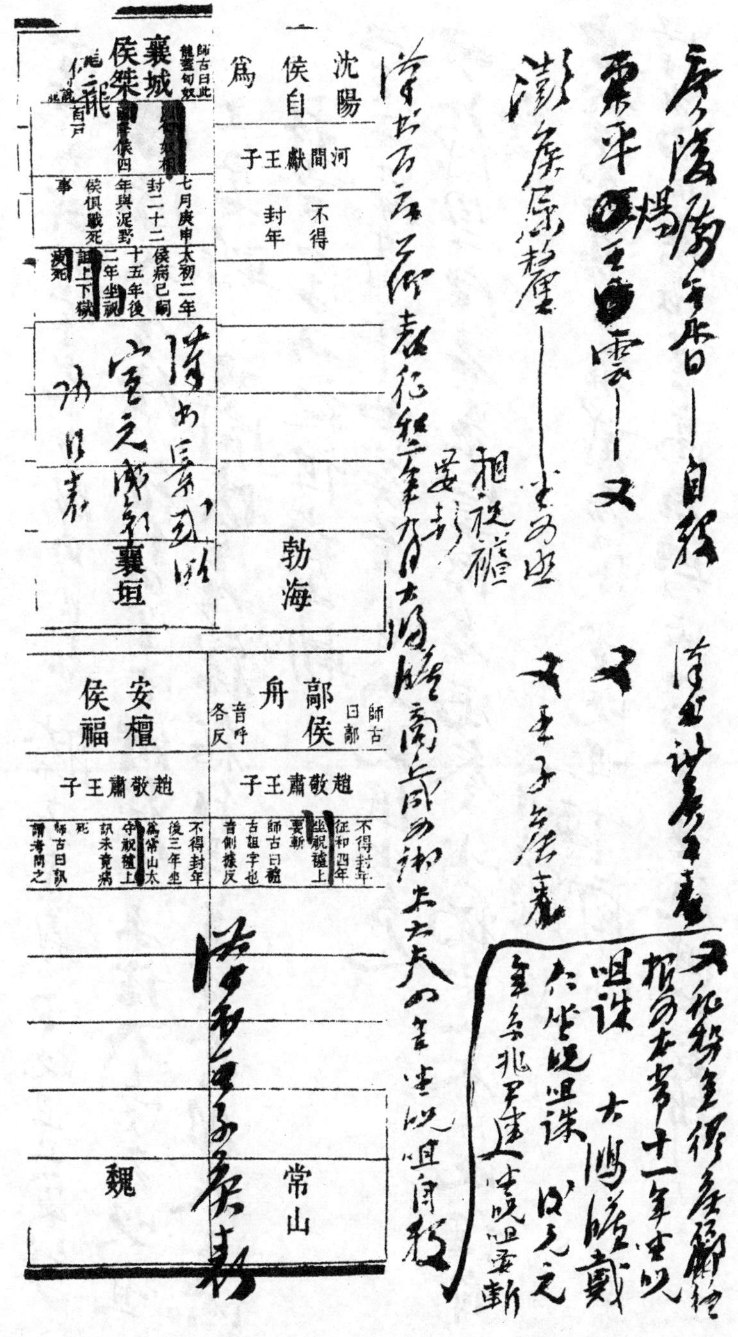

| 侯號 | 屬 | 封年 | 郡 |
| --- | --- | --- | --- |
| 沈陽侯自爲 | 河間獻王子 | 不得封年 | 勃海 |
| 鄗侯舟 師古曰鄗音呼各反 | 趙敬肅王子 | 不得封年 征和四年坐祝詛上要斬 師古曰舟古祖字也音側據反 | 常山 |
| 安檀侯福 | 趙敬肅王子 | 不得封年 後三年坐爲常山太守祝詛上訊未竟病死 師古曰訊謂考問之 | 魏 |

漢書景武昭宣元成功臣表 膝侯李壽 坐呪詛上要斬

承父侯續 征和四年坐賊殺軍吏謀入匈奴呪詛上要斬

開陵侯禄 征和三年坐衛太子所私幸女子又祝詛上要斬

王子侯表 平曲侯曾 坐父祝詛上要斬

外戚恩澤侯表 宜鄉侯馮參 坐姊中山太后祝詛自殺

史記高祖功臣表 戴侯秘蒙 坐呪詛（要斬）（漢書作上大逆）[illegible]

漢書功臣表 高侯興 征和四年坐祝詛上要斬

祠

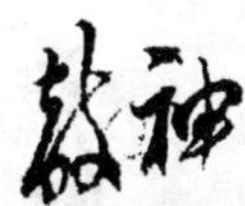

耳彌音莫爾反翼乎徐至於上蘭晉灼曰上蘭觀在上林中移圍徙陳浸淫蹵部師古曰部軍之部校也言稍聚逼而重蹵之音千欲反○宋祁曰注文重下當有也字曲隊堅重各案行伍師古曰隊
亦部也案依也隊音徒內反行音胡郎反○蕭該音義曰重直龍反壁壘天旋神抶電擊師古曰言所抶擊如鬼神雷電也抶音丑乙反逢之則碎近之則破鳥不及飛獸不得過軍驚師
駭刮野掃地師古曰言殺獲皆盡無遺餘也掃音先早反及至罕車飛揚武騎聿皇師古曰罕車畢罕之車也聿皇疾貌蹈飛豹絹嘄陽師古曰嘄陽費費也人面黑身有毛反踵見人則笑脣蔽其目
絹音工犬反嘄音工聊反費音扶味反○蕭該音義曰絹蘇林曰絹音絹鹿之絹追天寶出一方應劭曰天寶陳寶也晉灼曰天寶雞頭而人身應駍聲擊流光壄盡山窮囊括其雌雄如淳曰陳寶神
來下時駍然有聲又有光精也應劭曰下時窮極山川天地之間然後得其雌雄也師古曰雄在陳倉雌在南陽也故云野盡山窮也駍音普萌反沇沇容容遙噱虖紭中師古曰口內之上下名為噱言禽獸奔走倦極皆遙張噱吐舌

嘉因薦儒者公孫光滿昌及能吏蕭咸薛脩等皆故二千石有名稱天子納而用之會息夫躬孫寵等因中常侍宋弘上書告東平王雲祝詛又與后舅伍宏謀弑上爲逆○宋祁曰弑當作殺字雖作殺讀以作弑雲等伏誅躬寵擢爲吏二千石是時侍中董賢愛幸於上上欲侯之而未有所緣傅嘉勸上因東平事以封賢上於是定躬寵告東平本章師古曰定謂改治也掇去宋弘更言因董賢以聞師古曰掇讀曰剟剟削也削去其名也剟音竹劣反欲以其功侯之皆先賜爵關內侯頃之欲封賢等上心憚嘉乃先使皇后父孔鄉侯傅晏持詔書視丞相御史師古曰視讀曰示於是嘉與御史大夫賈延上封事言竊見董賢等三人始賜爵衆庶匈匈咸曰賢貴其餘并蒙恩師古曰言董賢以貴寵故至妄得封而躬寵等遂蒙恩至今流言未解陛下仁恩於賢等不已宜暴賢等本奏語言師古曰暴謂章露也延問公卿大夫博士議郎考合古今明正其義然後乃加爵土不然恐大失衆心海內引領而議暴下其事必有言○宋祁曰言字上當有對字當封者在陛下所從天下雖不說咎有所分師古曰說讀曰悅不獨在陛下前定陵侯淳于長初封其事亦議大司農谷永以長當封衆人歸咎於永先帝不獨蒙其議師古曰蒙被也臣嘉臣延材駑不稱死有餘責師古曰稱副也知順指不迕可得容身須臾師古曰迕逆也所以不敢者思報厚恩也上感其言止數月遂下詔封賢等因以切責公卿曰朕居位以來寢疾未瘳師古曰瘳差也音丑留反反逆之謀相連不絕賊亂之臣近侍帷幄前東平王雲與后謁祝詛朕使侍醫伍宏等內侍案脉師古曰案謂切診也幾危社稷殆莫甚焉師古曰幾音鉅依反殆亦危也昔楚有子玉得臣晉文爲之側席而坐師古曰已解於上近事汲黯折淮南之謀今雲等至有圖弑天子逆亂之謀者是公卿股肱莫能悉心務聰明以銷厭未萌之故師古曰悉盡也務聰明者廣視聽也厭音一涉反賴宗廟之靈○宋祁曰靈字上當有神字侍中駙馬都尉賢等發覺以聞咸伏厥辜書不云乎用德章厥善師古曰商書盤庚之辭也其封賢爲高安侯南陽太守寵



爲方陽侯左曹光祿大夫躬爲宜陵侯

宗教　气

○劉攽曰按武帝後元二年無赦元年乃有之蓋本云後元年後人誤作後元元年又衍元字注二字後又誤爲二耳武帝疾往來長楊五柞宮師古曰長楊五柞二宮並在盩厔皆以樹名之者往來二宮之間也柞字或作柞其音同望氣者言長安獄中有天子氣上遣使者分條中都官獄師古曰中都官凡京師諸官府也繫者輕重皆殺之內謁者令郭穰夜至郡邸獄師古曰百官表云內者屬少府續漢書志云掌宮中布張諸褻物丁字漢官云令秩千石蓋當時權爲此使○劉攽曰謁字衍劉敞同吉拒閉使者不得入曾孫賴吉得全因遭大赦吉迺載

宣紀

乙

宗教

天漢元年應劭曰時頻年苦旱故改元爲天漢以祈甘雨師古曰大雅有雲漢之詩周大夫仍叔所作也以美宣王遇旱災修德勤政而能致雨故依以爲年號也春正月行幸甘泉郊泰畤三月行幸河

東祠后土匈奴歸漢使者使使來獻夏五月赦天下秋閉城門大搜臣瓚曰漢帝年紀六月禁輸多七月閉城門大搜輸多者脩者也李奇曰搜索巫蠱也師古曰時巫蠱未起瓚說

是也輸多者輸誤矣而者修也發謫戍屯五原

征和元年應劭曰言征伐四夷而天下和平春正月還行幸建章宮三月趙王彭祖薨冬十一月發三輔騎士大搜上林閉長安城門索文穎日簡

轉閱庫兵也臣瓚曰搜謂索姦人也上林苑周回數百里故發三輔車騎入大搜索也漢帝年紀發三輔騎士大搜長安上林中閉城門十五日待詔北軍征官多餓死然則皆搜索非數軍實也師古曰文說非也索音山客反十一日迺

乾隆四年校刊

前漢書卷六 帝紀 二十六

解巫蠱起

二年春正月丞相賀下獄死夏四月大風發屋折水閏月諸邑公主陽石公主師古曰諸邑琅邪縣也以封公主故謂之邑陽石北海縣也二公主皆衞皇后之女也陽字或

作羊皆坐巫蠱死夏行幸甘泉秋七月按道侯韓說使者江充等掘蠱太子宮師古曰卽上游擊將軍韓說也壬午太子與皇后謀斬充以節發

兵與丞相劉屈氂大戰長安師古曰屈音丘勿反又音其勿反氂音力之反死者數萬人庚寅太子亡師古曰謂逃匿也皇后自殺初置城門屯兵更節加黃

旄應劭曰時太子亦發節以戰故加其上黃以別之御史大夫暴勝之司直田仁坐失縱勝之自殺仁要斬八月辛亥太子自殺于湖師古曰湖縣名也卽今虢州閿

夏五月赦天下六月丞相屈氂下獄要斬妻子梟首鄭氏曰妻作巫蠱夫從坐但要斬也師古曰屈氂亦坐與貳師將軍謀立昌邑王○宋祁曰妻子舊本無子字秋蝗九月

反者公孫勇胡倩發覺皆伏辜師古曰倩音千見反

征和三

祠

宗教

煌從東方飛至敦煌

太初元

二年春正月戊申丞相慶薨（師古曰石慶也）三月行幸河東祠后土令天下大酺五日膢五日祠門戶比臘（如淳曰膢音樓漢儀注立秋貙膢伏儼曰膢音劉劉殺也蘇林曰膢祭名也貙虎屬常以立秋日祭獸王者亦以此日出獵還以祭宗廟故有貙膢之祭也師古曰膢漢書作貙劉膢劉義各通耳膢者冬至後臘祭百神也膢音來盍反○劉攽曰膢五日衍五字）夏四月詔曰朕用事介山

漢曰臘

祠

宗教

秋，止禁巫祠道中者。文穎曰始漢家于道中祠排禍咎移之於行人百姓以其不經今止之也師古曰文說非也秘祝移過文帝久已除之今此總禁百姓巫覡於道中祠祭者耳大搜臣瓚曰搜謂索姦人也晉灼曰搜巫蠱也師古曰瓚說是渠黎六國使使來獻臣瓚曰渠黎西域胡國名

漢書武紀　天漢二

吹之

宗敬

戊代元史天秋七月二十二日[illegible]陳氏慶補

西[illegible]苦[illegible]島[illegible]

以之

正史

十二年八月己亥北宫盛饌門閤火是時和帝幸鄧貴人陰后寵衰怨恨上有欲廢之意明年會得陰后挾偽道事遂廢遷于桐宫以憂死立鄧貴人爲皇后

乾隆四年校刊

後漢書卷二十四　五行志　三十八

祥瑞

樂叶圖徵說五鳳皆五色。爲瑞者一，爲孽者四。叶圖徵曰：似鳳有四，並爲妖。一曰鷫鷞，鳩喙圜目，身義戴信嬰禮膺仁負智，至則旱役之感也。二曰發明，烏喙大頸大翼大脛，身仁戴智嬰義膺信負禮，至則喪之感也。三曰焦明，長喙疏翼圓尾，身義戴信嬰仁膺知負禮，至則水之感也。四曰幽昌，兌目小頭大身細足，脛若鱗，一身智戴信負禮膺仁，至則旱之感也。圖語曰：周之興也，鸑鷟鳴岐。說文曰：五方神鳥，東方曰發明，東方曰焦明，西方曰鷫鷞，北方曰幽昌，中央曰鳳皇。案三十年論五十此爲從鷫鷞，恐非徵矣。

永康元年八月，巴郡言黃龍見。時吏傅堅以郡欲上言，內白事以爲走卒戲語，不可。太守不聽。嘗見堅語云：時民以天熱欲就池浴，見池水濁，因戲相恐此中有黃龍，語遂行人間。聞郡欲以爲美，故言。時史以書帝紀。桓帝時政治衰缺，而在所多言瑞應，皆此類也。又先儒言：瑞興非時，則爲妖孽；而民訛言生龍語，皆龍孽也。

續志五

宗教

五年五月乙亥京都地震是時桓帝與中常侍單超等謀誅除梁冀聽之並使用事專權又鄧皇后本小人性行無恒苟有顔色
立以爲后後卒坐執左道廢以憂死
八年九月丁未京都地震

續漢書

# 宗教

是月上巳，官民皆絜於東流水上，曰洗濯祓除去宿垢疢為大絜。絜者，言陽氣布暢，萬物訖出，始絜之矣。謂之禊也。風俗通曰：周禮女巫掌歲時以祓除疾病。禊者，絜也。春者，蠢也，蠢蠢搖動也。尚書以殷仲春，厥民析，言人解析也。蔡邕曰：論語暮春者，春服既成，冠者五六人，童子六七人，浴乎沂，風乎舞雩，詠而歸。自上及下，古有此禮。今三月上巳祓禊於水濱，蓋出於此。杜篤祓禊賦曰：巫咸之徒，秉火祈福。則巫祝也。一說云：後漢有郭虞者，三月上巳產二女，二日中並不育，俗以為大忌，至此月日諱止家，皆於東流水上為祈禳，自潔濯，謂之禊祠。引流行觴，遂成曲水。韓詩曰：鄭國之俗，三月上巳之溱、洧兩水之上，招魂續魄，秉蘭草，祓除不祥。漢書八月祓灞水，亦斯義也。後之良史，亦據為正。臣昭曰：郭虞之說，良為虛誕，假有庶民旬內夭其二女，何足驚彼風俗，稱為世忌乎？杜篤乃稱王侯公主暨于富商，用事伊雒，帷幔玄黃。本傳大將軍梁商亦歌泣於雒禊也。自魏不復用三日水宴者焉。

仲夏之月，萬物方盛。日夏至，陰氣萌作，恐物不楙。其禮：以朱索連葷菜，彌牟朴蠱鍾。以桃印長六寸方三寸，五色書文如法，以施門戶。代以所尚為飾。夏后氏金行，作葦茭，言氣交也。風俗通曰：傳曰：萑葦有叢。呂氏春秋：湯始得伊尹，祓之於廟，薰以萑葦。周禮卿大夫之子名曰門子。論語曰：誰能出不由戶？故用葦者，欲人之子孫蕃殖，不失其類，有如萑葦。茭者，交易，陰陽代興者也。殷人水德，以螺首，慎其閉塞，使如螺也。周人木德，以桃為更，言氣相更也。漢兼用之，故以五月五日，朱索五色印為門戶飾，以難止惡氣。桃印本漢制，所以輔卯金，又宜除之也。日夏至，禁舉大火，止炭鼓鑄，消石冶皆絕止。至立秋，如故事。是日浚井改水。日冬至，鑽燧改火云。

先臘一日，大儺，譙周論語注曰：儺，卻之也。謂之逐疫。漢舊儀曰：顓頊氏有三子，生而亡去為疫鬼，一居江水，是為虎；一居若水，是為罔兩蜮鬼；一居人宮室區隅漚庾，善驚人小兒。月令章句曰：日行北方之宿，北方大陰，恐為所抑，故命有司大儺，所以扶陽抑陰也。盧植禮記注曰：所以逐衰而迎新。其儀：選中黃門子弟年十歲以上，十二以下，百二十人為侲子。皆赤幘皂製，執大鼗。漢舊儀曰：方相帥百隸及童女，以桃弧棘矢土鼓，鼓且射之，以赤丸五穀播灑之。譙周論語注曰：以葦矢射之。薛綜曰：侲之言善，善童幼子也。方相氏黃金四目，蒙熊皮，玄衣朱裳，執戈揚盾。十二獸有衣毛角。中黃門行之，冗從僕射將之，以逐惡鬼于禁中。夜漏上水，朝臣會，侍中、尚書、御史、謁者、虎賁、羽林郎將執事，皆赤幘陛衛。乘輿御前殿。黃門令奏曰：侲子備，請逐疫。於是中黃門倡，侲子和，曰：甲作食殉，胇胃食虎，雄伯食魅，騰簡食不祥，攬諸食咎，伯奇食夢，強梁、祖明共食磔死寄生，委隨食觀，錯斷食巨，窮奇、騰根共食蠱。凡使十二神追惡凶，赫女軀，拉女幹，節解女肉，抽女肺腸。女不急去，後者為糧。東京賦曰：捎魑魅，斮獝狂，斬委蛇，腦方良，囚耕父於清泠，溺女魃於神潢，殘夔魖與罔象，殪野仲而殲游光。注曰：魑魅，山澤之神。獝狂，惡鬼。委蛇，大如車轂。方良，草澤神。耕父、女魃皆旱鬼。惡水，故囚溺於水中，使不能為害。夔魖、罔象，木石之怪。野仲、游光，兄弟八人，恒在人間作怪害也。孔子曰：木石之怪夔、罔兩，水之怪龍、罔象。臣昭曰：木石山怪也。夔一足，越人謂之山繅。罔兩，山精，好學人聲而迷惑人。魖，神物也，非所常見，故曰怪。罔象食人，一名沐腫。埤蒼曰：獡，狂無頭鬼。因作方相與十二獸儛。讙呼，周徧前後省三過，持炬火，送疫出端門；東京賦曰：煌火馳而星流，逐赤疫於四裔。注曰：煌，火光。逐驚走，煌然火光如星馳。赤疫，疫鬼惡者也。侲子合三行，從東序上，西序下。門外騶騎傳炬出宮，司馬闕門門外五營騎士傳火棄雒水中。東京賦注曰：衛士千人在端門外，五營千騎在衛士外，為三部，更送至雒水，凡三輩逐鬼投雒水中。仍上天池，絕其橋梁，使不得度還。百官官府各以木面獸能為儺人師訖，設桃梗、鬱儡、葦茭畢，執事陛者罷。山海經曰：東海中有度朔山，上有大桃樹，蟠屈三千里，其

是黃帝與帝上一時矣

甲桂門曰東北鬼門萬鬼出入也上有二神人一曰神荼一曰鬱儡主閱領衆鬼之惡害人者執以葦索而用食虎於是黃帝
法而象之驅除畢因立桃梗於門戸上畫鬱儡持葦索以御凶鬼畫虎於門當食鬼也史記曰東至於蟠木風俗通曰黃帝上
古之時有神荼與鬱儡兄弟二人性能執鬼桃梗梗者更也歲終更始受介祉也蘇秦說孟嘗
君曰土偶人語桃梗今子東國之桃木削子爲人虎者陽物百獸之長能擊鷙性食鬼魅者也　葦戟桃杖以賜公卿將軍特侯
諸侯云漢官名秩曰大將軍三公臘賜錢各三十萬牛肉二百斤粳米二百斛特侯十五萬卿十萬校尉五萬尚書丞郎各萬
五千石六百石各七千侍御史謁者議郎尚書令各五千郎官蘭臺令史三千中黃門羽林虎賁士二人共三千以爲
當祠門戸直各
隨多少受也

儺の礼儀式

天子ガ方相氏ニ黄金の目四蒙熊皮玄衣朱裳執戈
揚楯率衆の爲先驅し　後の周禮の方相氏大喪先柩及
墓の壙入戈撃の四隅驅方良し　同上

臨江哀王閼于以孝景前二年用皇子爲臨江王三年卒無後國除爲郡

臨江閔王榮以孝景前四年爲皇太子四歲廢用故太子爲臨江王四年坐侵廟壖垣爲宮【索隱】服虔云宮外之餘地顧野王云壖猶外行馬內田音人椽反又音軟又音奴亂反壖垣墻外之短垣也上徵榮榮行祖於江陵北門【索隱】祖者行神行而祭之故曰祖也風俗通云共工氏之子曰修好遠遊故祀爲祖神又崔浩云黃帝之子纍祖好遠遊而死於道因以爲行神亦不知其何據蓋見其謂之祖因以爲嫘祖非也據帝系及本紀皆言嫘祖黃帝妃無爲行神之由也又聘禮云出祖釋軷祭脯酒已拔今祭禮以軷壤土爲壇於道則用黃羝或用狗以其牲血釁左輪【正義】荊州圖副云漢臨江閔王榮始都江陵城今被廟壖地爲宮被徵出城北門而車軸折父老共流涕曰吾王不反矣既而爲郅都所訊懼而縊死自此後北門存而不啓蓋爲榮不以道終也既已上車軸折車廢江陵父老流涕竊言曰吾王不反矣榮至詣中尉府簿中尉郅都責訊王王恐自殺葬藍田燕數萬銜土置冢上百姓憐之榮最長死【正義】顏師古云榮實最長而傳居二王後者以其從太子廢後乃爲王也無後國除地入于漢爲南郡

右三國本王皆栗姬之子也

# 相

絳侯復就國孝文帝十一年卒謚爲武侯

子勝之代侯六歲尚公主不相中[集解]如淳曰猶言不相合當也坐殺人國除絕一歲文帝乃擇絳侯勃子賢者河内守亞夫封爲條侯[集解]徐廣曰表音作蓨字駰案服虔曰蓨音條[索隱]地理志脩縣屬渤海郡[正義]括地志云故脩城俗名南條城在德州蓨縣南十二里漢縣續絳侯後條侯亞夫自未侯爲河内守時許負相之[索隱]應劭云河内溫人老嫗也姚氏按楚漢春秋高祖封負爲鳴雌亭侯是知婦人亦有封邑曰君後三歲而侯侯八歲爲將相持國秉[索隱]秉音柄貴重矣於人臣無兩其後九歲而君餓死亞夫笑曰臣之兄已代父侯矣有如卒子當代亞夫何說侯乎然既已貴如負言又何說餓死指示我許負指其口曰有從理入口[索隱]從音子容反從理橫理此餓死法也居三歲其兄絳侯勝之有罪孝文帝擇絳侯子賢者皆推亞夫乃封亞夫爲條侯續絳侯後

# 呪詛 宗教

景十三王傳 江都王建乃與后成光共使越婢下神祝詛上

時日[illegible]

三十五年冬復朝上疏欲留上弗許歸國意忽忽不樂北獵良山【索隱】漢書作梁山述征記云良山際清水今壽張縣南有良山服虔云是此山也【正義】括地志云梁山在鄆州壽張縣南三十五里卽獵處也【正義】有獻牛足出背上【索隱】張晏云足當處下所以輔身也今出背上象孝王背朝以干上也北者陰也又在梁山明爲梁也牛者丑之畜衝在六月北方數六故六月六日薨也孝王惡之六月中病熱六日卒謚曰孝王

梁孝王世家

先

望氣

河渠書

漢興三十九年孝文時河決酸棗東潰金隄【正義】括地志云金隄一名千里隄在白馬縣東五里於是東郡大興卒塞之其後四十有餘年今天子元光之中而河決於瓠子東南注鉅野【正義】括地志云鄆州鉅野縣東北大澤是通於淮泗於是天子使汲黯鄭當時興人徒塞之輒復壞是時武安侯田蚡爲丞相其奉邑食鄃【索隱】鄃音輸韋昭云清河縣也【正義】貝州縣也鄃居河北河決而南則鄃無水菑邑收多蚡言於上曰江河之決皆天事未易以人力爲彊塞塞之未必應天而望氣用數者亦以爲然於是天子久之不事復塞也

遂去並海上北至碣石巡自遼西歷北邊至九原五月返至甘泉【集解】駰案漢書音義曰周萬八千里也有司言寶鼎出爲元鼎以今年爲元封元年其秋有星茀于東井【集解】韋昭曰秦分野也後十餘日有星茀于三能【集解】韋昭曰三能三公後逮坐誅之望氣王朔言候獨見其星出如瓠【索隱】郊祀志塡星出如瓠故顔師古以德星即鎮星今按此紀惟止言德星則德星歲星也歲星所在有福故曰德星食頃復入焉有司言曰陛下建漢家封禪天其報德星云其來年冬郊雍五帝還拜祝祠泰一贊饗曰德星昭衍厥維休祥壽星仍出【索隱】壽星南極老人星也見則天下理安故言之也淵耀光明信星昭見【索隱】信星鎮星也信屬土土曰鎮星漢志爲得之皇帝敬拜泰一【集解】徐廣曰一無此字祝之饗

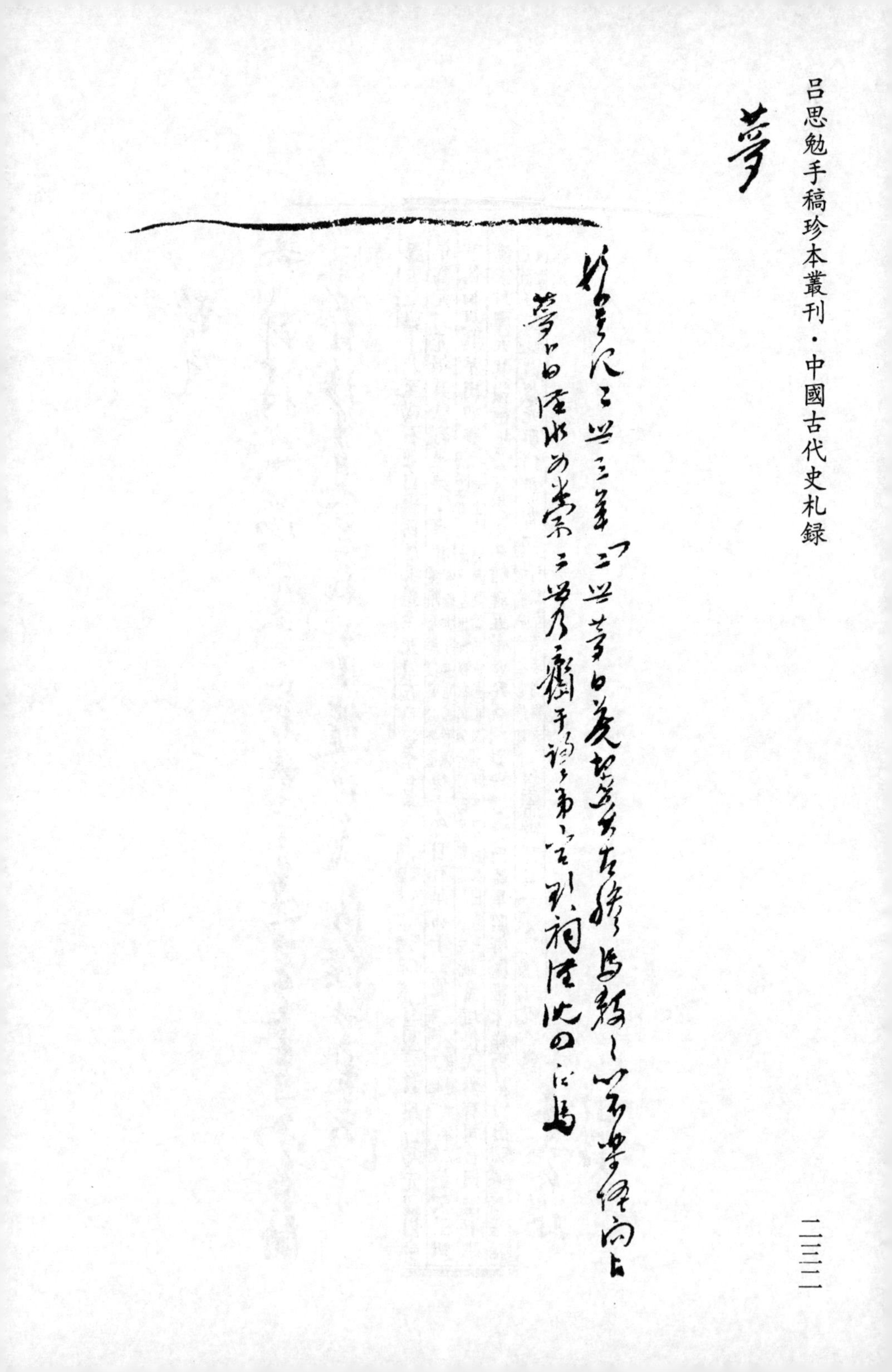

# 夢

[illegible]三[illegible]二[illegible]夢曰[illegible]向上

夢[illegible]曰[illegible]三[illegible]此四[illegible]

宗教

先也說文云倡首也吳廣以爲然乃行卜【索隱】行者先也一云行往也卜者知其指意曰足下事皆成有功然足下卜之鬼乎【集解】蘇林曰狐鳴祠中則是也贊曰假託鬼神以威衆也故勝廣曰此教我威衆也【索隱】裴注引蘇林臣瓚義亦當矣而李奇又云卜者戒曰所卜事雖成當死爲鬼恐指斥言之而勝失其旨用依鬼神起怪蓋亦得其指也陳勝吳廣喜念鬼【索隱】念者思也謂思念欲假鬼神之事曰此教我先威衆耳乃丹書帛曰陳勝王置人所罾魚腹中【集解】駰案漢書音義曰罾音曾文穎曰罾魚網也卒買魚亨食得魚腹中書固以怪之矣又間令吳廣之次近所旁叢祠中【集解】張晏曰戍人所止處也叢鬼所憑焉【索隱】服虔云間音中間之間鄭氏云間謂竊令人行也孔文祥云伺竊間隙不欲令衆知之次師所次舍處也墨子云建國必擇木之脩茂者以爲叢位高誘注戰國策云叢祠神祠叢樹也夜篝火【集解】徐廣曰或作帶也篝者籠也音溝【索隱】漢書作構火郭璞云篝籠是也狐鳴呼曰大楚興陳勝王卒皆夜驚恐旦日卒中往往語皆指目陳勝吳廣素愛人士卒多爲用者將尉醉【索隱】尉官也漢舊儀大縣二人其尉將屯九百人故云將尉也廣故數

爲天下倡師古曰倡讀曰唱謂首號令也宜多應者廣以爲然迺行卜卜者知其指意曰足下事皆成有功然足下卜之鬼乎李奇曰卜者謂曰所卜事雖成當死爲鬼惡指斥言而勝失其指反依鬼神起怪也蘇林曰狐鳴祠中即是也如淳曰以鬼道威衆乎但用人事也師古曰李如之說皆非也卜者云事成有功然須假託鬼神乃可興起耳故勝廣曉其此意則爲魚書狐鳴以威衆耳勝廣喜念鬼曰此教我先威衆耳迺丹書帛曰陳勝王置人所罾魚腹中師古曰罾魚網也形如仰繖蓋四維而擧之音曾卒買魚亨食得書已怪之矣師古曰亨音普庚反又間令廣之次所旁叢祠中○宋祁曰旁音步浪反夜構火狐鳴呼曰大楚興陳勝王鄭氏曰間謂竊令人行也張晏曰戍人所止處也叢鬼所憑也師古曰張說非也此言竊於廣所次舍處旁側叢祠中爲之非戍人所止也叢謂草木岑蔚者也祠神祠也構謂結起也呼音火故反卒皆夜驚恐旦日卒中往往指目勝廣師古曰指而私目視之○劉奉世曰按此諸說與但主東勝耳

陳勝廣以爲喜後已以之鬼之念鬼乎

何乃特生威耳

# 祠

祕祝

十三年夏上曰蓋聞天道禍自怨起而福繇德興百官之非宜由朕躬今祕祝之官移過于下（集解）應劭曰祕祝之官移過于下國家諱之故曰祕以彰吾之不德朕甚不取其除之

史記

祠祝

春上曰朕獲執犧牲珪幣以事上帝宗廟十四年于今歷日縣長以不敏不明而久撫臨天下朕甚自愧其廣增諸祀墠場珪幣昔先王遠施不求其報望祀不祈其福右賢左戚（集解）韋昭曰右猶高左猶下也（索隱）劉德云先賢後親也先民後已至明之極也今吾聞祠官祝釐（集解）如淳曰釐福也賈誼傳受釐坐宣室（索隱）音禧福也皆歸福朕躬不為百姓朕甚愧之夫以朕不德而躬享獨美其福百姓不與焉是重吾不德其令祠官致敬毋有所祈

史記

五月，詔曰：古之治天下，朝有進善之旌（應劭曰：旌，幡也。堯設之五達之道，令民進善也。如淳曰：欲有進者立於旌下言之），誹謗之木（服虔曰：堯作之，橋梁交午柱也。應劭曰：橋梁邊板，所以書政治之愆失也。至秦去之，今乃復施也。師古曰：應說是也），所以通治道而來諫者也。今法有誹謗訞言之罪（師古曰：高后元年詔除妖言之令，今此又有訞言之罪，是則中間曾重復設此條也。訞與妖同），是使衆臣不敢盡情，而上無由聞過失也。將何以來遠方之賢良？其除之。民或祝詛上以相約而後相謾（師古曰：謾，欺也。初為要約，共行祝詛，後相欺誑，中道而止），吏以為大逆，其有他言，吏又以為誹謗。此細民之愚無知抵死（師古曰：抵，至也），朕甚不取。自今以來，有犯此者勿聽治。九月，初與郡守為銅虎符、竹使符（應劭曰：銅虎符第一至第五，國家當發兵，遣使者至郡合符，符合乃聽受之）。

十三年春二月甲寅，詔曰：朕親率天下農耕以供粢盛，皇后親桑以奉祭服，其具禮儀（師古曰：令立耕桑之禮制也）。夏，除祕祝（應劭曰：祕祝之官，移過于下，國家諱之，故曰祕也），語在郊祀志。五月，除肉刑法，語在刑法志。六月，詔曰：農，天下之本，務莫大焉。今廑身從事（晉灼曰：廑，古勤字），而有租稅之……

十四年冬，匈奴寇邊，殺北地都尉卬（師古曰：功臣表云絣侯孫單以父北地都尉卬力戰死事，文帝十四年封，與此正合。而荀悅乃云姓孫名卬，說者因曰漢有孫會宗，卬之玄孫，無所據也。會宗漢書有傳，既不云是卬後，何從而知之乎）。遣三將軍軍隴西、北地、上郡，中尉周舍為衛將軍，郎中令張武為車騎將軍，軍渭北，車千乘，騎卒十萬人。上親勞軍，勒兵申教令（師古曰：申，約束之），賜吏卒。自欲征匈奴，羣臣諫，不聽。皇太后固要上，乃止（文穎曰：要，劫也。師古曰：要，謂痛沮誓之言）。於是以東陽侯張相如為大將軍，建成侯董赫、內史欒布皆為將軍，擊匈奴，匈奴走。春，詔曰：朕獲執犧牲珪幣以事上帝宗廟，十四年于今，歷日彌長，以不敏不明（師古曰：敏，疾也）而久撫臨天下，朕甚自媿（師古曰：媿，古愧字）。其廣增諸祀墠場珪幣（師古曰：築土為壇，除地為場）。昔先王遠施不求其報，望祀不祈其福，右賢左戚，先民後己（師古曰：以賢為上，然後及親也），至明之極也。今吾聞祠官祝釐（如淳曰：釐，福也。賈誼傳受釐坐宣室是也。師古曰：釐本字作禧，假借用耳，同音僖），皆歸福於朕躬，不為百姓，朕甚媿之。夫以朕之不德，而專鄉獨美其福，百姓不與焉（師古曰：與音豫），是重吾不德也（師古曰：重，音直用反）。其令祠官致敬，無有所祈。

十五年春，黃龍見於成紀（師古曰：成紀，隴西縣）。上乃下詔議郊祀。公孫臣明服色，新垣平設五廟（文穎曰：公孫臣，魯人也。應劭曰：新垣平，趙人也。師古曰：五廟，謂五帝之廟也），語在郊祀志。夏四月，上幸雍，始郊見五帝，赦天下，脩名山大川嘗祀而絕者，有司以歲時致禮。

祠

（秦本紀—始皇紀）襄公立享國十二年初爲西畤

德公〻〻〻初作伏以御蠱

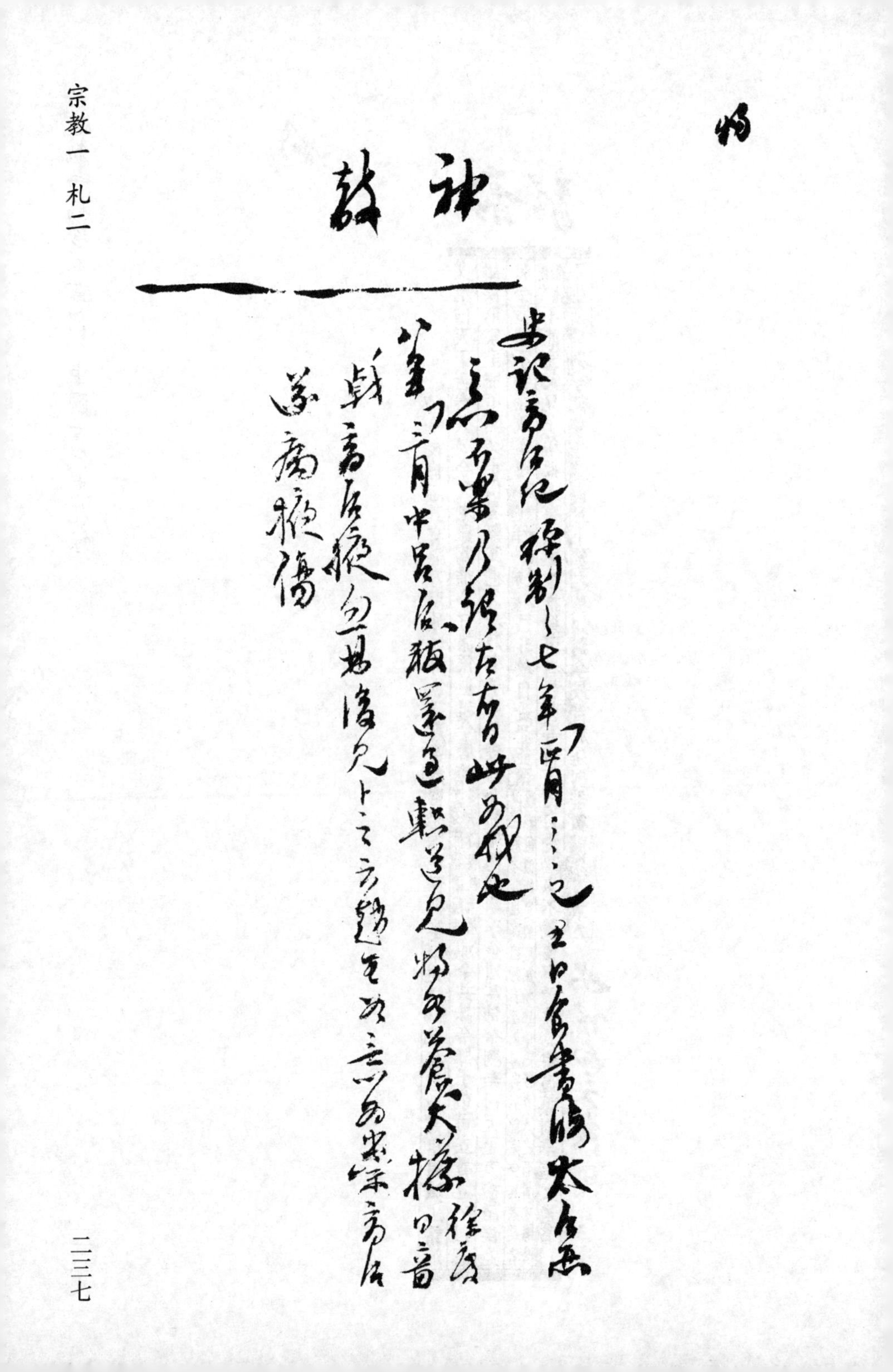

[illegible]

物

初起

沛令後悔恐其有變乃閉城城守欲誅蕭曹蕭曹恐踰城保劉季【集解】韋昭曰以爲保鄣劉季乃書帛射城上謂沛父老曰天下苦秦久矣今父老雖爲沛令守諸侯並起今屠沛【索隱】范曄謂魁城多所誅殺故云屠沛令共誅令擇子弟可立者立之以應諸侯則家室完不然父子俱屠無爲也父老乃率子弟共殺沛令開城門迎劉季欲以爲沛令劉季曰天下方擾諸侯並起今置將不善壹敗塗地【索隱】言一朝破敗使肝腦塗地吾非敢自愛恐能薄【正義】能才能也高祖謙言才能薄劣不能完全其衆能者獸形色似熊足似鹿爲物堅中而彊力人之有賢才者皆謂之能也不能完父兄子弟此大事願更相推擇可者蕭曹等皆文吏自愛恐事不就後秦種族其家盡讓劉季諸父老皆曰平生所聞劉季諸珍怪當貴且卜筮之莫如劉季最吉於是劉季數讓衆莫敢爲

史記高祖紀

其先劉媼嘗息大澤之陂夢與神遇是時雷電晦冥太公往視則見蛟龍於其上【索隱】按詩含神霧云赤龍感女媼劉季興文穎云有鱗曰蛟龍已而有身遂產高祖高祖為人隆準而龍顏【集解】服虔曰準音拙應劭曰隆高也準頰權準也顏額顙也齊人謂之顙汝南淮泗之間曰頞文穎曰準鼻也【索隱】始皇蜂目長準蓋鼻高起文穎說是高祖感龍而生故其顏貌似龍長頸而高鼻美須髯左股有七十二黑子常從王媼武負貰酒【集解】韋昭曰貰賒也【索隱】鄒誕生貰音世與字林聲韻並同又音時夜反廣雅云貰賒也說文云貰貸也臨淮有貰陽縣漢書功臣表貰陽侯劉此紀作射陽則貰亦射也醉臥武負王媼見其上常有龍怪之高祖每酤留飲酒讎數倍【集解】如淳曰讎亦售【索隱】樂彥云借讎為售蓋古字少假借耳今亦依字讀蓋高祖大度既貰酒兼讎其數倍價也及見怪歲竟此兩家常折券棄責

單父人呂公【集解】駰案漢書音義曰單音善父音甫【索隱】韋昭云單父縣名屬山陽崔浩云史失其名但舉姓而言公又按漢舊儀云呂公汝南新蔡人又相經云魏人呂公名文字叔平也善沛令避仇從之客因家沛焉沛中豪傑吏聞令有重客皆往賀蕭何為主吏【集解】孟康曰主吏功曹也主進【集解】文穎曰主賦斂禮進為之餉【索隱】鄭氏云主賦斂醵錢也顏師古曰進者會禮之財字本作賮聲轉為進宣帝數負進義與此同令諸大夫曰【正義】曰大夫客之貴者總稱之進不滿千錢坐之堂下高祖為亭長素易諸吏乃紿為謁曰賀錢萬實不持一錢【集解】應劭曰紿欺也音殆【索隱】韋昭云紿詐也劉氏云紿欺負也何休云紿疑也謂高祖素狎易諸吏乃詐為謁謁謂以札書姓名若今之通刺而兼載錢穀也謁入呂公大驚起迎之門呂公者好相人見高祖狀貌因重敬之引入坐蕭何曰劉季固多大言少成事高祖因狎侮諸客遂坐上坐【正義】上在果反下在臥反無所詘【[illegible]】[illegible]音[illegible]反酒闌【集解】文穎曰闌言希也謂飲酒者半罷半在謂之闌呂公因目固留高祖【正義】不敢對衆顯言故目動而留之高祖竟酒後呂公曰臣少好相人【集解】張晏曰古人相與語多自稱臣自卑下之道若今人相與語皆自稱僕相人多矣無如季相願季自愛臣有息女【正義】息生也謂所生之女也願為季箕帚妾酒罷呂媼怒呂公曰公始常欲奇此女與貴人沛令善公求之不與何自妄許與劉季呂公曰此非兒女子所知也卒與劉季呂公女乃呂后也生孝惠魯元公主【集解】服虔曰元長也食邑於魯韋昭曰元諡也【正義】漢帝制女曰公主儀比諸侯姊妹曰長公主儀比諸侯王姑曰大長公主儀比諸侯王高祖為亭長時常告歸之田【集解】服虔曰告音如嘷呼之嘷李斐曰休謁之名也吉曰告凶曰寧孟康曰古者名吏休假曰告告又音嚳漢律吏二千石有予告賜告予告者在官有功最法所當得者也賜告者病滿三月當免天子優賜復其告使得帶印綬將官屬歸家治疾也【索隱】韋昭云告請歸乞假也音告語之告戰國策曰商君告歸延篤以為告歸今之歸寧也劉伯莊顏師古並音古篤反服虔音如嘷呼之嘷按東觀漢記田邑傳云邑年三十歷卿大夫號歸罷厭事少所嘗欲歸號與嘷同古者當有此語今服虔雖據田邑號歸亦恐未為得然此告字當音誥誥號聲相近故後告歸號歸遂變也呂后與兩子居田中耨有一老父過請飲呂后因餔之【正義】餔必[illegible]反以

附日

救宗

時郡國地震民訛言行籌明年正月朔日蝕上乃徵孔光免孫寵息夫躬罷侍中諸曹黃門郎數十人宣復上書言陛下父事天母事地子養黎民即位已來父虧明母震動子訛言相驚恐今日蝕於三始（如淳曰正月一日爲歲之朝月之朝日之朝始猶朝也）誠可畏懼小民正月朔日尚恐毀敗器物何況於日虧乎陛下深內自責避正殿舉直言求過失罷退外親及旁仄素餐之人（師古曰仄古側字也）徵拜孔

漢鮑宣傳

卜筮

鄉家世多爲博士者

張禹字子文河內軹人也至禹父徙家蓮勺師古曰左馮翊縣名也音輦酌禹爲兒數隨家至市喜觀於卜相者前師古曰至其人之前而觀之喜音許吏反久之頗曉其別蓍布卦意師古曰別分也音彼列反時從旁言卜者愛之又奇其面貌謂禹父是兒多知可令學經○宋祁曰父字下當有曰字及禹壯至長

禹見時有變異若上體不安擇日絜齋露蓍服虔曰露蓍於星宿下明日乃用言得天氣也師古曰蓍草名筮者所用也音式夷反○宋祁曰有字上疑有常字正衣冠立筮得吉卦則獻其占如有不吉禹爲感動憂色○宋祁曰感動字下

以

寧敢

子煬王雲嗣哀帝時無鹽危山土自起覆草如馳道狀又瓠山石轉立（晉灼曰漢注作報山山脇石一枚轉側起立高九尺六寸旁行一丈廣四尺也師古曰報山山名也古作瓠字爲其形似瓠耳晉說是也）雲及后謁自之石所祭治石象瓠山（蘇林曰於宮中作山象○宋祁曰作山象瓠山）立石束倍草并祠之（師古曰倍草黃倍草也音步醉反○劉敞曰立石爲上句）建平三年息夫躬孫寵等共因幸臣董賢告之是時哀帝被疾多所惡事下有司逮王后謁下獄驗治言使巫傅恭婢合歡等祠祭詛祝上（如淳曰傅恭巫姓字）爲雲求爲天子雲又與知災異者高尚等指星宿言上疾必不愈雲當得天下石立宣帝起之表也有司請誅王有詔廢徙房陵雲自殺謁棄市立十七年國除元始元年王莽欲反哀帝政（師古曰反謂反其所爲也）白太皇太后立雲太子開明爲東平王又立思王孫成都爲中山王開明立三年薨無子復立開明兄嚴鄉侯信子匡爲東平王奉開明後王莽居攝東郡太守翟義與嚴鄉侯信謀舉兵誅莽立信爲天子兵敗皆爲莽所滅中山哀王竟初元二年立爲清河王三年徙中山以幼少未之國建昭四年薨邸葬杜陵（○宋祁曰江南本邸字上有鄉字新本無）無子絕太后歸居外家戎氏

漢宣元六王傳

宣帝—東平思王宇—煬王雲

# 宗教

迺賡
隱湘侍侍厚洋　密邑送澄百鄉毋病迺
亦在黑暗中
是以當迺廱之輟邪

# 宗教

𦿇子業嗣業有材能以列侯選復爲太常數言得失不事權貴與丞相翟方進衛尉定陵侯淳于長不平後業坐法免官復
爲函谷關都尉會定陵侯長有罪當就國長舅紅陽侯立與業書曰誠哀老姊垂白隨無狀子出關師古曰垂白者言白髮下垂也無狀猶言不肖
願勿復用前事相侵定陵侯既出關伏罪復發蘇林曰長與許后書也語在外戚傳下雒陽獄丞相史搜得紅陽侯書奏業聽請不敬服虔曰受立屬
請爲不敬坐免就國其春丞相方進薨業上書言方進本與長深結厚更相稱薦師古曰更音工衡反長陷大惡獨得不坐苟欲障塞前過
不爲陛下廣持平例師古曰俱與長厚善而方進獨不坐是不平也又無恐懼之心反因時信其邪辟師古曰信讀曰伸辟讀曰僻報睚眦怨師古曰睚音厓睚眦舉眼也眦即眥字
謂目匡也言舉目相忤者即報之也一說睚音五懈反眦音仕懈反睚眦瞋目貌也兩說並通他皆類此故事大逆朋友坐免官無歸故郡者今坐長者歸故郡已深一等紅陽
侯立坐子受長貨賂故就國耳非大逆也而方進復奏立黨友後將軍朱博鉅鹿太守孫宏故少府陳咸皆免官歸咸故郡
刑罰無平在方進之筆端衆庶莫不疑惑皆言孫宏不與紅陽侯相愛宏前爲中丞時方進爲御史大夫舉掾隆可侍御史
師古曰御史大夫之掾也名隆宏奏隆前奉使欺謾師古曰謾誑也音慢又音莫連反不宜執法近侍方進以此怨宏又方進爲京兆尹時陳咸爲少府在
九卿高第陛下所自知也方進素與司直師丹相善臨御史大夫缺使丹奏咸爲姦利請案驗卒不能有所得而方進果自
得御史大夫爲丞相即時詆欺奏免咸師古曰詆誣也復因紅陽侯事歸咸故郡衆人皆言國家假方進權太甚案師丹行能無異
及光祿勳許商被病殘人服虔曰殘瘽也皆但以附從方進常獲尊官丹前親薦邑子丞相史能使巫下神爲國求福幾獲大利師古
曰幾讀曰冀幸賴陛下至明遣使者毛莫如先考驗卒得其姦皆坐死假令丹知而白之此誣罔罪也不知而白之是背經術惑
左道也師古曰左道不正之道也二者皆在大辟重於朱博孫宏陳咸所坐方進終不舉白專作威福阿黨所厚排擠英俊師古曰擠墜也音子詣反
託公報私橫厲無所畏忌師古曰縱橫陵厲也欲以熏轑天下師古曰熏言熏灼之轑讀曰燎假借用字天下莫不望風而靡師古曰靡猶弭自尚書近臣皆結舌



杜口師古曰杜塞也骨肉親屬莫不股栗師古曰言懼之甚故股戰慄也威權泰盛而不忠信非所以安國家也今聞方進卒病死師古曰卒讀曰猝不以尉
示天下反復賞賜厚葬唯陛下深思往事以戒來

息夫躬字子微河內河陽人也少爲博士弟子受春秋通覽記書(師古曰傳記及諸家之書)容貌壯麗爲衆所異哀帝初卽位皇后父特進孔鄉侯傅晏與躬同郡相友善躬繇是以爲援交游日廣(師古曰繇讀與由同)先是長安孫寵亦以游說顯名免汝南太守(師古曰爲太守免而歸也)與躬相結俱上書召待詔是時哀帝被疾始卽位而人有告中山孝王太后祝詛上太后及弟宜鄉侯馮參皆自殺其罪不明是後無鹽危山有石自立開道(服虔曰山脇自成道也張晏曰從石立之下徑道自通也)躬與寵謀曰上亡繼嗣體久不平關東諸侯心爭陰謀今無鹽有大石自立聞邪臣託往事以爲大山石立而先帝龍興(師古曰言邪人有此私議)東平王雲以故與其后日夜祠祭祝詛上欲求非望(師古曰言求帝位也)而后舅伍宏反因方術以醫技得幸出入禁門霍顯之謀將行於杯杓(師古曰杓所以抒挹也杓字與勺同音上灼反)荊軻之變必起於帷幄事勢若此告之必成察國姦誅主讎取封侯之計也(宋祁曰察當作發)躬寵迺與中郎右師譚(張晏曰右師姓譚名也)共因中常侍宋弘上變事告焉上惡之下有司案驗東平王雲雲后謁及伍宏等皆坐誅(師古曰謁者后之名也)上擢寵爲南陽太守譚潁川都尉弘躬皆光祿大夫左曹給事中

(失之)就拜孔鄉侯傅晏爲大司馬衛將軍陽安侯丁明又爲大司馬票騎將軍是日日有食之董賢因此沮躬晏之策後數日收晏衛將軍印綬而丞相御史奏躬辠過上繇是惡躬等(師古曰繇讀與由同)下詔曰南陽太守方陽侯寵素亡廉聲有酷惡之資毒流百姓左曹光祿大夫宜陵侯躬虛造詐諼之策(師古曰諼詐辭也音虛遠反)欲以詿誤朝廷皆交遊貴戚趨權門爲名其免躬寵官遣就國躬歸國未有第宅寄居丘亭(張晏曰丘亭野亭名師古曰此說非也丘空也)姦人以爲侯家富常夜守之(師古曰謂欲盜之伺其便)躬邑人河內掾賈惠往過躬教以祝盜方以桑東南指枝爲匕(師古曰桑東南出之枝)畫北斗七星其上躬夜自被髮立中庭向北斗(師古曰被音皮義反)持匕招指祝盜(師古曰或招或指所以求福拂禍也)人有上書言躬懷怨恨非笑朝廷所進候星宿視天子吉凶與巫同祝詛上遣侍御史廷尉監逮躬繫雒陽詔獄欲掠問躬仰天大謼(師古曰謼古呼字音火故反○宋祁曰浙本躬字下更有躬字)因僵仆吏就問云咽已絕(師古曰咽喉嚨音一千反)血從鼻耳出食頃死黨友謀議相連下



獄百餘人(師古曰親黨及朋友)躬母聖坐祠竈祝詛上大逆不道聖棄市妻充漢與家屬徙合浦躬同族親屬素所厚者皆免廢錮(師古曰終身不得仕)哀帝崩有司奏方陽侯寵及右師譚等皆造作姦謀辠及王者骨肉雖蒙赦令不宜處爵位在中土皆免寵等徙合浦郡

傳師古涿縣名其明年貳師將軍李廣利將兵出擊匈奴丞相爲祖道送至渭橋師古曰祖者送行之祭因設宴飲焉與廣利辭決廣利曰願君侯早請昌邑王爲太子如淳曰漢儀注列侯爲丞相稱君侯師古曰楊惲傳丘常謂惲爲君侯是則通呼列侯之尊稱耳非必在於丞相也如氏之說不爲通矣如立爲帝君侯長何憂乎師古曰如若也屈氂許諾昌邑王者貳師將軍女弟李夫人子也貳師女爲屈氂子妻故共欲立焉是時治巫蠱獄急內者令郭穰告丞相夫人以丞相數有譴使巫祠社祝詛主上有惡言及與貳師共禱祠欲令昌邑王爲帝有司奏請按驗罪至大逆不道有詔載屈氂廚車以徇師古曰廚車載食之車也徇行示也要斬東市妻子梟首華陽街貳師將軍妻子亦收貳師聞之降匈奴宗族遂滅

然千秋爲人敦厚有智居位自稱踰於前後數公師古曰言稱其職也初千秋始視事見上連年治太子獄誅罰尤多羣下恐懼思欲寬廣上意尉安衆庶師古曰尉安之字本無心也是以漢書往往存古體字焉○宋祁曰當刪字字迺與御史中二千石共上壽頌德美勸上施恩惠緩刑罰玩聽音樂養志和神爲天下自虞樂師古曰虞與娛同上報曰朕之不德自左丞相與貳師陰謀逆亂巫蠱之禍流及士大夫師古曰謂與太子戰死者也○劉攽曰既云自左丞相流及士大夫則不及太子時人也朕日一食者累月迺何樂之聽痛士大夫常在心既事不咎師古曰言既往之事不可追咎雖然巫蠱始發詔丞相御史督二千石求捕師古曰督察視也廷尉治未聞九卿廷尉有所鞫也師古曰鞫問也曩者江充先治甘泉宮人轉至未央椒房師古曰椒房殿名皇后所居也以椒和泥塗壁取其溫而芳也以及敬聲之疇李禹之屬謀入匈奴有司無所發今丞相親掘蘭臺蠱驗所明知也至今餘巫頗脫不止師古曰言往往尚爲蠱也陰賊侵身遠近爲蠱朕媿之其何壽之有敬不舉君之觴謹謝丞相二千石各就館師古曰謝告也館官舍也書曰毋偏毋黨王道蕩蕩師古曰周書洪範之詞也毋有復言師古曰不許其更請後歲餘武帝疾立皇子鉤弋夫人男爲太子師古曰鉤弋宮名也昭帝母趙婕妤居之故號鉤弋夫人也拜大將軍霍光車騎將軍金日磾御史大夫桑弘羊及丞相千秋並受遺詔輔道少主師古曰道讀曰導

以

故事

上欲侯賢而未有緣會待詔孫寵息夫躬等告東平王雲后謁祠祀祝詛（師古曰謁者后之名）下有司治皆伏其辜上於是令躬寵爲因賢告東平事者乃以其功下詔封賢爲高安侯躬宜陵侯寵方陽侯食邑各千戶頃之復益封賢二千戶丞相王嘉內疑東平事冤甚惡躬等數諫爭以賢爲亂國制度嘉竟坐言事下獄死上初即位祖母傅太后母丁太后

乾隆四年校刊　前漢書卷九十三　佞幸　列傳　董賢　八

# 宗教

星光

為弘佛事刊作「西藏」同以星光書牽

上使善相者相通曰當貧餓死文帝曰能富通者在我也何謂貧乎於是賜鄧通蜀嚴道銅山[正義]括地志云雅州榮經縣北三里有銅山即鄧通得賜銅山鑄錢者邑榮經即嚴道得自鑄錢鄧氏錢[正義]錢譜云文字稱兩同漢四銖文布天下其富如此文帝嘗病癰鄧通常為帝唶吮之[索隱]唶音任格反吮音仕兗反文帝不樂從容問通曰天下誰最愛我者乎通曰宜莫如太子太子入問病文帝使唶癰唶癰而色難之已而聞鄧通常為帝唶吮之心慙由此怨通矣及文帝崩景帝立鄧通免家居居無何人有告鄧通盜出徼外鑄錢下吏驗問頗有之遂竟案盡沒入鄧通家尚負責數巨萬長公主賜鄧通[集解]韋昭曰景帝姊也[索隱]案即館陶公主也吏輒隨沒入之[索隱]謂長公主別有物賜通吏輒沒入以充贓也一簪不得著身於是長公主乃令假衣食[索隱]謂公主令人假與衣食竟不得名一錢[索隱]謂天下名鄧氏錢今皆沒入卒竟無一錢名之也寄死人家

乾隆四年校刊 史記卷一百二十五 佞幸列傳 三十

將軍范明友太僕杜延年問狀罷歸故官師古曰以其言無可取故罷而遣歸故官久之遷臨淮太守治有異迹卒於官溫舒從祖父受厯數天文以爲漢戹三七之間張晏曰三七二百一十歲也自漢初至哀帝元年二百一年也至平帝崩二百十一年上封事以豫戒成帝時谷永亦言如此師古曰永上書所謂涉三七之節紀者也及王莽篡位欲章代漢之符著其語焉溫舒子及孫皆至牧守大官

贊曰春秋魯臧孫達以禮諫君君子以爲有後師古曰臧孫達魯大夫臧哀伯也桓公取郜大鼎於宋哀伯諫之周內史聞之曰臧孫達其有後於魯乎君違不忘諫之以德也賈山自下劘上孟康曰劘謂剴切之音靡厲也師古曰剴也蘇林曰剴音工來反鄒陽枚乘游於危國然卒免刑戮者以其言正也路溫舒辭順而意篤遂爲世家宜哉師古曰謂子孫爲大官不絕

孝宣許皇后元帝母也父廣漢昌邑人少時爲昌邑王郎從武帝上甘泉誤取它郎鞍以被其馬發覺吏劾從行而盜當死有
詔募下蠶室 孟康曰死罪囚欲就宮者聽之 後爲宦者丞上官桀謀反時廣漢部索 師古曰部分搜索罪人也索音山客反 其殿中廬有索長數尺可以縛人者
數千枚滿一篋緘封 師古曰殿中廬桀所止宿廬舍在宮中者也緘束篋也音工咸反 廣漢索不得它吏往得之 師古曰須得此繩索者用爲桀之反具 廣漢坐論爲鬼薪輸掖
庭後爲暴室嗇夫時宣帝養於掖庭號皇曾孫與廣漢同寺居時掖庭令張賀本衛太子家吏及太子敗賀坐下刑以舊恩養
視皇曾孫甚厚及曾孫壯大賀欲以女孫妻之是時昭帝始冠長八尺二寸賀弟安世爲右將軍與霍將軍同心輔政聞賀稱
譽皇曾孫欲妻以女安世怒曰曾孫迺衛太子後也幸得以庶人衣食縣官足矣勿復言予女事於是賀止時許廣漢有女平
君年十四五當爲內者令歐侯氏子婦 師古曰歐侯姓也歐音烏溝反 臨當入歐侯氏子死其母將行卜相當大貴母獨喜賀聞許嗇夫有女
迺置酒請之 師古曰請召也召嗇夫飲酒也 酒酣爲言曾孫體近下人乃關內侯 師古曰言曾孫之身於帝爲近親縱其人材下劣尚作關內侯書本或無人字 可妻也廣漢許諾明
日嫗聞之怒 師古曰廣漢之妻不欲與曾孫 廣漢重令爲介 師古曰更令人作媒而結婚姻重音直用反 遂與曾孫一歲生元帝數月曾孫立爲帝平君爲倢伃是

祥

# 宗教

初趙平客石夏善為天官（師古曰曉星文者）語平曰熒惑守御星御星太僕奉車都尉也不黜則死平內憂山等雲舅李竟所善張赦
見雲家卒卒（師古曰卒讀曰猝忽遽之貌也）謂竟曰今丞相與平恩侯用事可令太夫人言太后先誅此兩人移徙陛下在太后耳長安男子
張章告之事下廷尉執金吾捕張赦石夏等後有詔止勿捕山等愈恐相謂曰此縣官重太后故不竟也（師古曰重難也竟窮竟其事也）然惡
端已見又有弒許后事陛下雖寬仁恐左右不聽久之猶發發即族矣不如先也（師古曰言先反）遂令諸女各歸報其夫皆曰安所相
避（師古曰言無處相避當受禍也）會李竟坐與諸侯王交通辭語及霍氏有詔雲山不宜宿衛免就第光諸女遇太后無禮（服虔曰光諸女自以於上官太后為
姨母遇之無禮）馮子都數犯法上并以為讓（師古曰總以此事責之也）山禹等甚恐顯夢第中井水溢流庭下竈居樹上又夢大將軍謂顯曰知捕
兒不（師古曰知見捕不）亟下捕之（蘇林曰亟疾下捕之師古曰亟音居力反）第中鼠暴多與人相觸以尾畫地鴞數鳴殿前樹上（師古曰鴞惡聲之鳥也古者室屋高大則通呼為殿
耳非止天子宮中其語亦見黃霸傳鴞音于驕反○宋祁曰正天子姚改止天子）第門自壞雲尚冠里宅中門亦壞巷端人共見有人居雲屋上徹瓦投地就視亡有
大怪之禹夢車騎聲正讙來捕禹舉家憂愁山曰丞相擅減宗廟羔菟鼃（如淳曰高后時定令敢有擅議宗廟者棄市師古曰羔菟鼃所以供祭也）可以此罪也謀
令太后為博平君置酒（文穎曰宣帝外祖母也）召丞相平恩侯以下使范明友鄧廣漢承太后制引斬之因廢天子而立禹約定未發雲

霍光傳

敬字

云敞字幼孺平陵人也師事同縣吳章章治尚書經爲博士平帝以中山王即帝位年幼莽秉政自號安漢公以平帝爲成帝後不得顧私親帝母及外家衞氏皆留中山不得至京師莽長子宇非莽鬲絕衞氏（師古曰鬲讀與隔同）恐帝長大後見怨宇與吳章謀夜以血塗莽第門若鬼神之戒冀以懼莽章欲因對其咎事發覺莽殺宇誅滅衞氏謀所聯及死者百餘人章坐要斬磔尸東市門初章爲當世名儒教授尤盛弟子千餘人莽以爲惡人黨皆當禁錮不得仕宦門人盡更名他師（師古曰更以他人爲師諱不言是章弟子）敞時爲大司徒掾自劾吳章弟子收抱章尸歸棺斂葬之（師古曰棺音工喚反斂音力贍反）京師稱焉車騎將軍王舜高其志節比之欒布表奏以爲掾薦爲中郎諫大夫莽篡位王舜爲太師復薦敞可輔職（師古曰爲輔弼之任）以病免唐林言敞可典郡擢爲魯郡大尹更始時安車徵敞爲御史大夫復病免去卒於家

卜

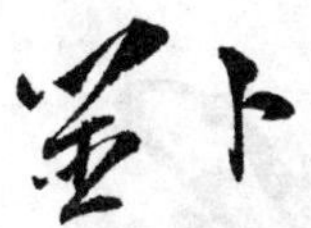

漢書王貢兩龔鮑傳

致禮安車迎而致之四人既至從太子見高祖客而敬焉太子得以爲重遂用自安語在留侯傳其後谷口有鄭子真蜀有嚴君平（師古曰地理志謂君平爲嚴遵三輔決錄云子真名樸君平名尊則君平子真皆其字也）皆修身自保非其服弗服非其食弗食成帝時元舅大將軍王鳳以禮聘子真子真遂不詘而終君平卜筮於成都市以爲卜筮者賤業而可以惠衆人有邪惡非正之問則依蓍龜爲言利害與人子言依於孝與人弟言依於順與人臣言依於忠各因埶導之以善從吾言者已過半矣裁日閱數人（師古曰裁與才同閱歷也）得百錢足自養則閉肆下簾而授老子（師古曰肆者市列所坐之處也）博覽亡不通依老子嚴周之指著書十萬餘言（師古曰嚴周即莊周）揚雄少時從游學已而仕

[illegible]

啓

# 宗教

儒道之國體，皆稱諸之國令尊星業
方中國大利亦第一級者出高國無深入敵
對於嘉敵對於將軍急難國之誅
不勝萬下為全國後世難

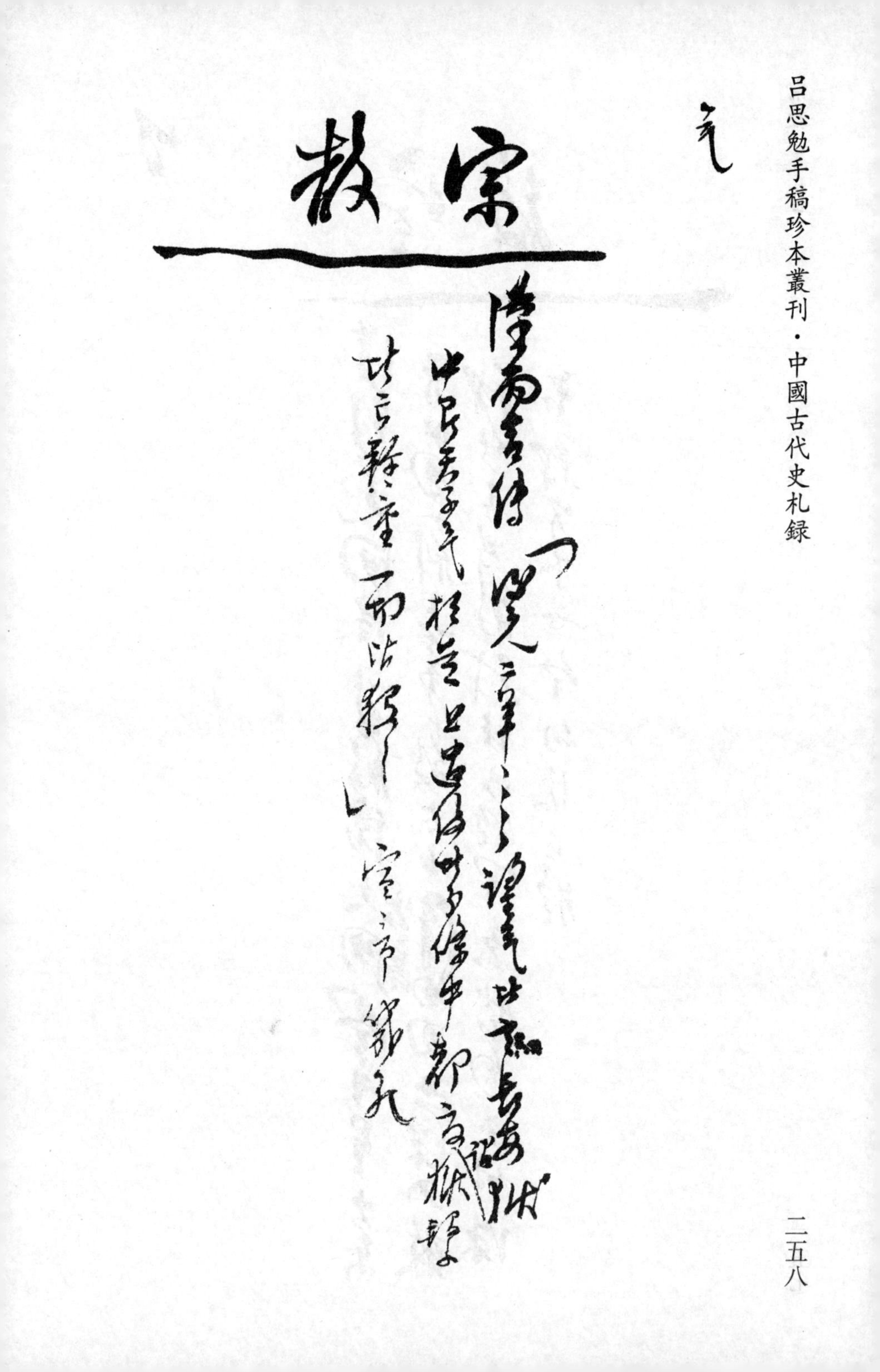

氣

# 教宗

[illegible]

[illegible]

[illegible]

青爲侯家人少時歸其父父使牧羊民母之子皆奴畜之不以爲兄弟數服虔曰民母嫡母也師古曰言鄭季正妻本在編戶之間以別於公主家也今流俗書本云牧羊人間先母之子不以爲兄弟數妄增也青嘗從人至甘泉居室張晏曰居室甘泉中徒所居也有一鉗徒相青曰貴人也官至封侯青笑曰人奴之生得無笞罵即足矣安得封侯事乎

漢書衛青牧羊記衛將軍[illegible]以待

禰

宗

故

三年無家祔禰，周書稱年少無良子主不幸早死，關係不即未可稱禰，亦宜並云

[illegible]莽傳

皇孫功崇公宗坐自畫容貌被服天子衣冠刻印三一曰維祉冠存已夏處南山藏薄冰（文穎曰祉福祥也冠存已欲襲代也夏處南山就陰涼也藏薄冰亦以除暑也應劭曰）二曰肅聖寶繼（應劭曰莽自謂承聖舜後能肅敬得天寶龜以立宗欲繼其緒）三曰德封昌圖（蘇林曰宗自言以德見封當遂昌熾受天下圖籍）又宗舅呂寬家前徙合浦私與宗通發覺按驗宗自殺莽曰宗屬爲皇孫爵爲上公知寬等叛逆族類而與交通刻銅印三文意甚害不知厥足窺欲非望春秋之義君親毋將將而誅焉（師古曰春秋公羊傳之辭也以公子牙將爲弒逆而誅之故云然也親謂父母也）迷惑失道自取此辜烏呼哀哉宗本名會宗以制作去二名今復名會宗貶厥爵改厥號賜謚爲功崇繆伯以諸侯之禮葬于故同穀城郡（師古曰同者宗所封一同之地）宗姊妨爲衛將軍王興夫人祝詛姑殺婢以絕口事發覺莽使中常侍䠠惲責問妨（師古曰䠠音帝又音徒蓋反）并以責興皆自殺事連及司命孔仁妻亦自殺仁見莽免冠謝莽使尚書劾仁乘乾車駕坤馬左蒼龍右白虎前朱鳥（○宋祁曰烏當作焉）後玄武右杖威節左負威斗號曰赤星非以驕仁乃以尊新室之威命也仁擅免天文冠大不敬有詔勿劾更易新冠其好怪如此（師古曰言莽性好爲鬼神怪異之事）以直道侯王涉爲衛將軍涉者曲陽侯根子也根成帝世爲大司馬薦莽自代莽恩之（師古曰懷其舊恩也）

初李親任政君在身（師古曰任懷任也）夢月入其懷及壯大婉順得婦人道嘗許嫁未行所許者死後東平王聘政君爲姬未入王薨禁獨怪之使卜數者相政君（師古曰數計也若言令之筭命書也數音所具反）當大貴不可言禁心以爲然迺教書學鼓琴五鳳中獻政君年十八矣入掖庭爲家人子歲餘會皇太子所愛幸司馬良娣病且死謂太子曰妾死非天命迺諸娣妾良人更祝詛殺我（師古曰更音工衡反）太子憐之且以爲然及司馬良娣死太子悲恚發病忽忽不樂因以過怒諸娣妾莫得進見者久之（○宋祁曰越本無者字）宣帝聞太子恨過諸娣妾欲順適其意迺令皇后擇後宮家人子可以虞侍太子者（師古曰此虞與娛同）政君與在其中（師古曰與讀曰豫）及太子朝皇后迺見政君等五人微令旁長御問知太子所欲

乾隆四年校刊　前漢書卷九十八　列傳　一

太子殊無意於五人者不得已於皇后（師古曰恐不副皇后之意）彊應曰此中一人可（師古曰彊其兩反[illegible]）

元后傳第六十八

孝元皇后王莽之姑也莽自謂黃帝之後其自本曰（師古曰述其本系）黃帝姓姚氏八世生虞舜舜起媯汭以媯爲姓（師古曰媯水名也曲水曰汭言因水爲姓也汭音而鋭反○蕭該音義曰媯汭字書曰媯舜姓也該案舜居媯水因以爲姓）至周武王封舜後媯滿於陳是爲胡公十三世生完完字敬仲犇齊（師古曰犇古奔字）齊桓公以爲卿姓田氏十一世田和有齊國三世稱王（○宋祁曰舊本三作二）至王建爲秦所滅項羽起封建孫安爲濟北王至漢興安失國齊人謂之王家因以爲氏文景間安孫遂字伯紀處東平陵（師古曰濟南之縣）生賀字翁孺爲武帝繡衣御史逐捕魏郡羣盜堅盧等黨與及吏畏懦逗遛當坐者（師古曰懦音乃喚反逗音住又音豆）翁孺皆縱不誅它部御史暴勝之等奏殺二千石誅千石以下（師古曰二千石者奏而殺之其千石以下則得專誅）及通行飲食坐連及者大部至斬萬餘人語見酷吏傳翁孺以奉使不稱免（師古曰不稱謂不副所委）嘆曰吾聞活千人有封子孫吾所活者萬餘人後世其興乎翁孺既免而與東平陵終氏爲怨迺徙魏郡元城委粟里爲三老魏郡人德之元城建公曰（服虔曰元城人年老者也）昔春秋沙麓崩晉史卜之曰陰爲陽雄土火相乘（李奇曰此繇辭文也陰元后也陽漢也王氏舜後土也漢火也故曰土火相乘陰盛而沙麓）故有沙麓崩後六百四十五年宜有聖女興其齊田乎（張晏曰陰數八八八六十四土數五故六百四十五歲也春秋僖十四年沙麓崩後在乙亥至哀帝元壽二年哀帝崩元后始攝政歲在庚申沙麓崩後六百四十五歲）今王翁孺徙正直其地（師古曰直亦當也○宋祁曰注末當有也字）日月當之元城郭東有五鹿之虛卽沙鹿地也（師古曰虛讀曰墟）後八十年當有貴女興天下云

將軍公孫賀賀義渠人【正義】今慶州本義渠戎國也地理志云北義渠道也其先胡種賀父渾邪景帝時爲平曲侯【集解】徐廣曰爲隴西太守坐法失侯賀武帝爲太子時舍人武帝立八歲以太僕爲輕車將軍軍馬邑後四歲以輕車將軍出雲中後五歲以騎將軍從大將軍有功封爲南窌侯後一歲以左將軍再從大將軍出定襄無功後四歲以坐酎金失侯後八歲【集解】徐廣曰元鼎六年以浮沮將軍出五原【索隱】沮音子徐反二千餘里無功後八歲【集解】徐廣曰太初二年以太僕爲丞相封葛繹侯賀七爲將軍出擊匈奴無大功而再侯爲丞相坐子敬聲與陽石公主奸【

徐廣曰陽石 爲巫蠱族滅無後

將軍公孫敖義渠人以郎事武帝武帝立十二歲爲驍騎將軍出代亡卒七千人當斬贖爲庶人後五歲以校尉從大將軍有功封爲合騎侯後一歲以中將軍從大將軍再出定襄無功後二歲以將軍出北地後驃騎期當斬贖爲庶人後二歲以校尉從大將軍無功後十四歲以因杅將軍築受降城【索隱】杅音于七歲復以因杅將軍再出擊匈奴至余吾【索隱】余音餘又音徐案水名在朔方亡士卒多下吏當斬詐死亡居民間五六歲後發覺復繫坐妻爲巫蠱族凡四爲將軍出擊匈奴一侯

史記衛將軍驃騎列傳

卜

# 宗教

穢蟲付了以前常常之人所得不了之接手所向

上　陳獨秀之觀音壽命貿七菩薩

萬

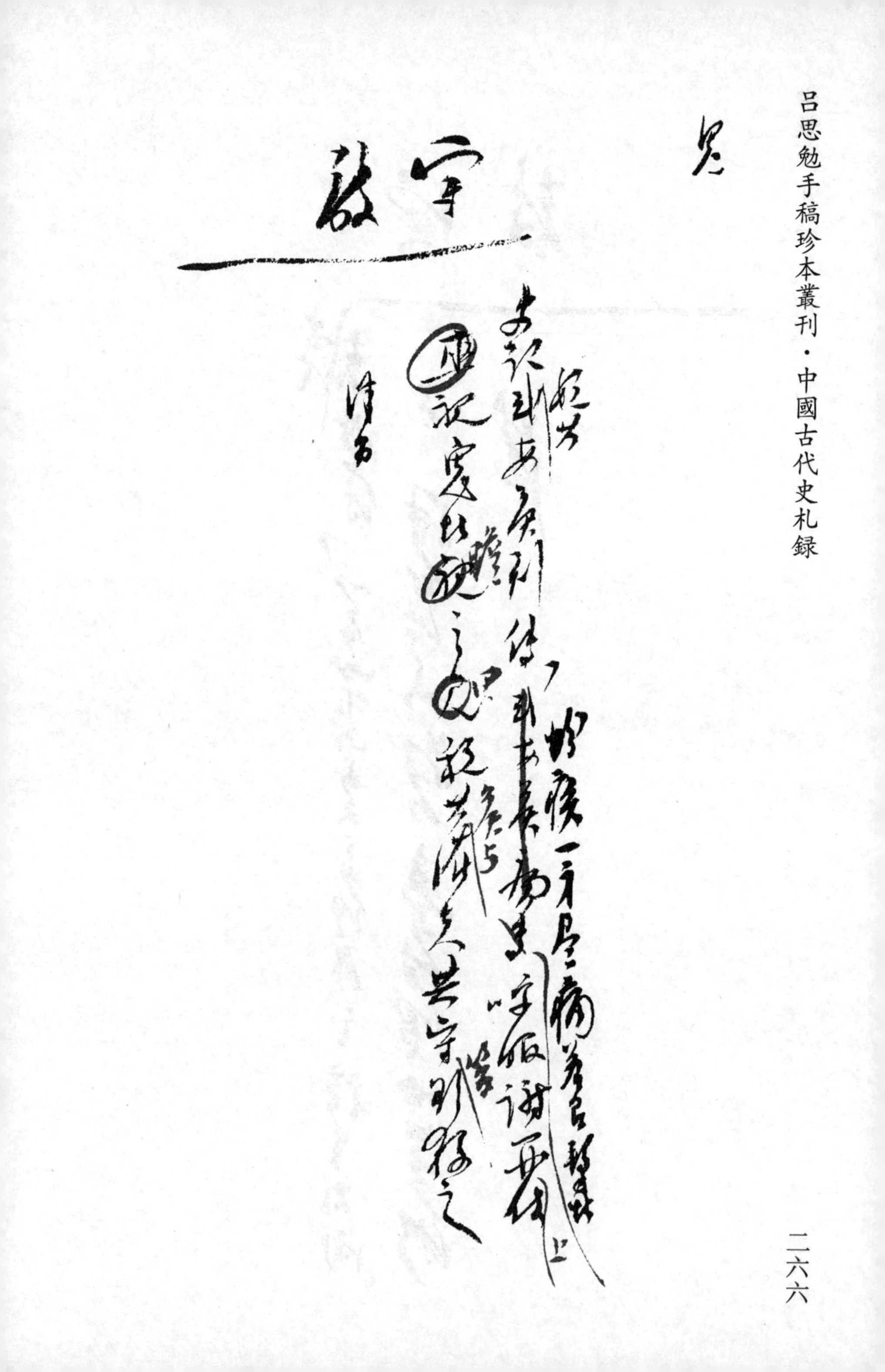

始皇帝益壯太后淫不止呂不韋恐覺禍及己乃私求大陰人嫪毐以爲舍人時縱倡樂使毐以其陰關桐輪而行【正義】以桐木爲小車輪令太后聞之以啗太后太后聞果欲私得之呂不韋乃進嫪毐詐令人以腐罪告之【正義】上音輔謂宮刑胥靡也不韋又陰謂太后曰可事詐腐則得給事中太后乃陰厚賜主腐者吏詐論之拔其鬚眉爲宦者遂得侍太后太后私與通絕愛之有身太后恐人知之詐卜當避時徙宮居雍【正義】雍故城在岐州雍縣南七里有秦都大鄭宮嫪毐常從賞賜甚厚事皆決於嫪毐嫪毐家

李斯已死二世拜趙高爲中丞相事無大小輒決於高高自知權重乃獻鹿謂之馬二世問左右此乃鹿也左右皆曰馬也二世驚自以爲惑乃召太卜令卦之太卜曰陛下春秋郊祀奉宗廟鬼神齋戒不明故至于此可依盛德而明齋戒於是乃入上林齋戒日游弋獵有行人入上林中二世自射殺之趙高教其女壻咸陽令閻樂劾不知何人賊殺人移上林高乃諫二世曰天子無故賊殺不辜人此上帝之禁也鬼神不享天且降殃當遠避宮以禳之二世乃出居望夷之宮留三日趙高詐詔衛士令士皆素服持兵內鄉入告二世曰山東羣盜兵大至二世上觀而見之恐懼高即因劫令自殺引璽而佩之左右百官莫從上殿殿欲壞者三高自知天弗與羣臣弗許乃召

韋丞相賢者魯人也以讀書術爲吏至大鴻臚有相工相之當至丞相有男四人使相工相之至第二子其名玄成相工曰此子貴當封韋丞相言曰我即爲丞相有長子是安從得之後竟爲丞相病死而長子有罪論不得嗣而立玄成玄成時佯狂不肯立竟立之有讓國之名後坐騎至廟不敬有詔奪爵一級爲關內侯失列侯得食其故國邑韋丞相卒有魏丞相代

邴丞相吉者魯國人也以讀書好法令至御史大夫孝宣帝時以有舊故封爲列侯而因爲丞相明於事有大智後世稱之以丞相病死子顯嗣後坐騎至廟不敬有詔奪爵一級失列侯得食故國邑顯爲吏至太僕坐官耗亂身及子男有姦贓免爲庶人邴丞相卒黃丞相代長安中有善相工田文者與韋丞相魏丞相邴丞相微賤時會於客家田文言曰今此三君者皆丞相也其後三人竟更相代爲丞相何見之明也

韋丞相玄成者即前韋丞相子也代父後失列侯其人少時好讀書明於詩論語爲吏至衛尉徙爲太子太傅御史大夫薛君免（集解駰案名廣德也）爲御史大夫于丞相乞骸骨免而爲丞相因封故邑爲扶陽侯數年病死孝元帝親臨喪賜賞甚厚子嗣後其治容容隨世俗浮沉而見謂諂巧而相工本謂之當爲侯代父而後失之復自游宦而起至丞相父子俱爲丞相世間美之豈不命哉相工其先知之韋丞相卒御史大夫匡衡代

史記張丞相列傳補

札

读李广苏建传[illegible]

[illegible]观之平凡无奇也

气相 宰殺

初廣之從弟李蔡與廣俱事孝文帝景帝

時蔡積功勞至二千石孝武帝時至代相以元朔五年爲輕車將軍從大將軍擊右賢王有功中率封爲樂安侯【索隱】中音丁仲反率音律亦音雙筆反小顏云率謂軍功封賞之科著在法令故云中率元狩二年中代公孫弘爲丞相蔡爲人在下中【索隱】案以九品而論在下之中當第八名聲出廣下甚遠然廣不得爵邑官不過九卿而蔡爲列侯位至三公諸廣之軍吏及士卒或取封侯廣嘗與望氣王朔燕語曰自漢擊匈奴而廣未嘗不在其中而諸部校尉以下才能不及中人然以擊胡軍功取侯者數十人而廣不爲後人【索隱】謂不在人後也然無尺寸之功以得封邑者何也豈吾相不當侯邪且固命也朔曰將軍自念豈嘗有所恨乎廣曰吾嘗爲隴西守羌嘗反吾誘而降降者八百餘人吾詐而同日殺之至今大恨獨此耳朔曰禍莫大於殺已降此乃將軍所以不得侯者也

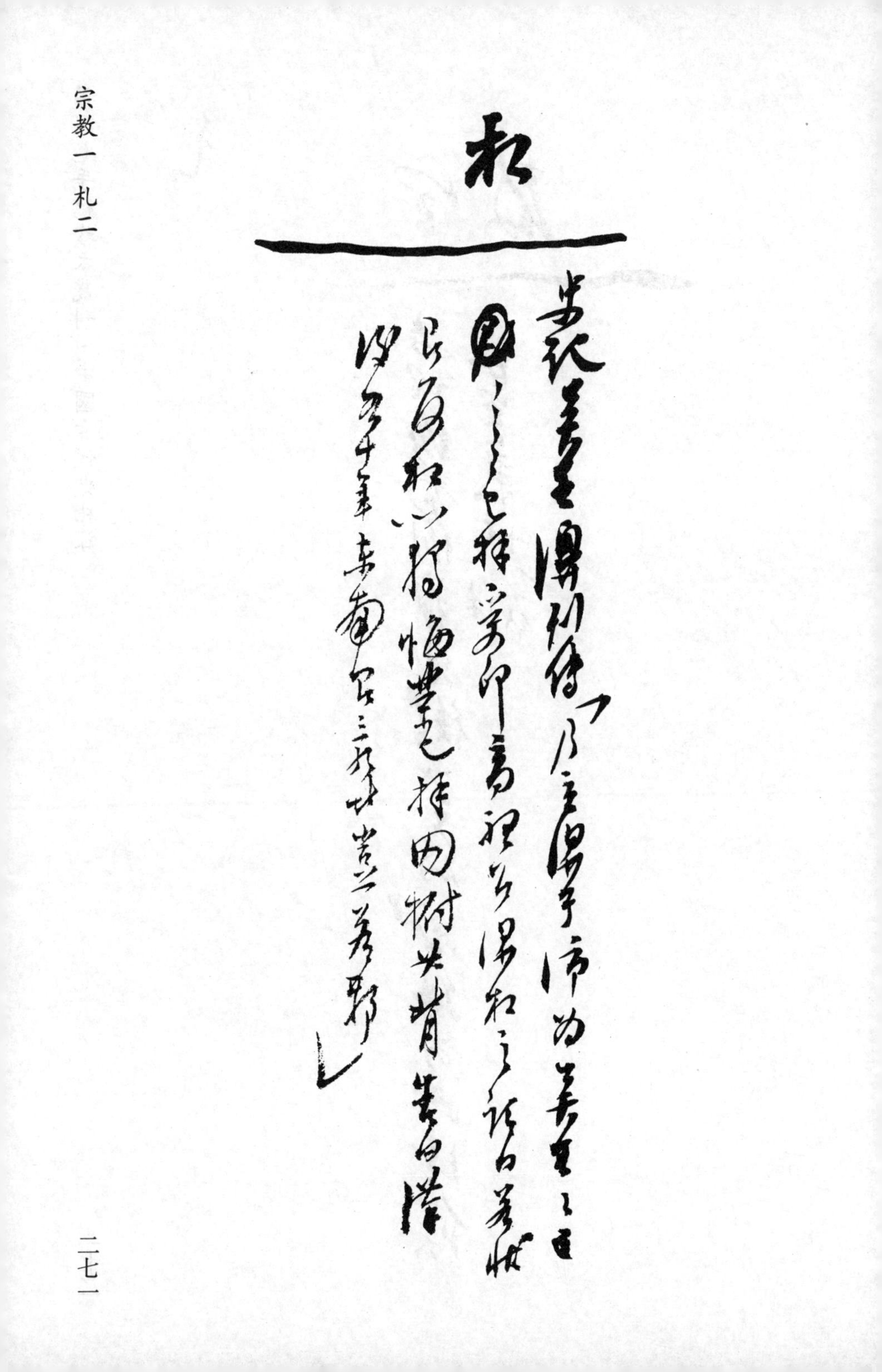

# 札

[illegible]

日者列傳第六十七

集解墨子曰墨子北之齊遇日者日者曰帝以今日殺黑龍於北方而先生之色黑不可以北墨子不聽遂北至淄水墨子不遂而反焉日者曰我謂先生不可以北然則古人占候卜筮通謂之日者墨子亦云非但史記也索隱案名卜筮曰日者以墨所以卜筮占候時日通名日者故也

自古受命而王王者之興何嘗不以卜筮決于天命哉其於周尤甚及秦可見代王之入任於卜者太卜之起由漢興而有索隱案周禮有太卜之官此云由漢興者謂漢自文帝卜大橫之後其卜官更興盛耳

司馬季主者楚人也索隱按云楚人而太史公不序其系蓋楚相司馬子期子反後姓也季主見列仙傳卜於長安東市宋忠為中大夫賈誼為博士同日俱出洗沐正義漢官儀五日一假洗沐也相從論議誦易先王聖人之道術究遍人情相視而歎賈誼曰吾聞古之聖人不居朝廷必在卜醫之中今吾已見三公九卿朝士大夫皆可知矣試之卜數中以觀采索隱卜數猶術數也音所具反劉氏云具數筮之亦通筮必以易易用大衍之數也二人即同輿而之市游於卜肆中天新雨道少人司馬季主閒坐弟子三四人侍方辯天地之道日月之運陰陽吉凶之本二大夫再拜謁司馬季主視其狀貌如類有知者即禮之使弟子延之坐坐定司馬季主復理前語分別天地之終始日月星辰之紀差次仁義之際列吉凶之符語數千言莫不順理宋忠賈誼瞿然而悟獵纓正襟危坐索隱獵攬也攬其冠纓而正其衣襟變而自飾也危一作兒謂俯為敬曰吾望先生之狀聽先生之辭小子竊觀於世未嘗見也今何居之卑何行之汙索隱音烏故反司馬季主捧腹大笑曰觀大夫類有道術者今何言之陋也何辭之野也今夫子所賢者何也所高者誰也今何以卑汙長者二君曰尊官厚祿世之所高也賢才處之今所處非其地故謂之卑言不信行不驗取不當故謂之汙夫卜筮者世俗之所賤簡也世皆言曰夫卜者多言誇嚴以得人情索隱謂卜者自矜誇而莊嚴以得人情也虛高人祿命以說人志擅言禍災以傷人心矯言鬼神以盡人財厚求拜止問之日月疵瑕吉凶則不能理由是觀之能知別賢謝以私於己此吾之所恥故謂之卑汙也司馬季主曰公且安坐公見夫被髮童子乎日月照之則行不照則與不肖者寡矣賢之行也直道以正諫三諫不聽則退其譽人也不望其報惡人也不顧其怨以便國家利眾為務故官非其任不處也祿非其功不受也見人不正雖貴不敬也見人有汙雖尊不下也得不為喜去不為恨非其罪也雖累辱而不愧也今公所謂賢者皆可為羞矣卑疵而前索隱疵音貲孅趨而言索隱孅音纖孅趨猶足恭也相引以勢相導以利比周賓正集解徐廣曰客旅謂之賓人求長官謂之正以求尊譽以受公奉事私利枉主法獵農民以官為威以法為機求利逆暴譬無異於操白刃劫人者也初試官時倍力為巧詐飾虛功執空文以誷主上用居上為右試官不讓賢陳功見偽增實以無為有以少為多以求便勢尊位食飲驅馳從姬歌兒不顧於親犯法害民虛公家此夫為盜不操矛弧者也攻而不用弦刃者也欺父母未有罪而弒君未伐者也何以為高賢才乎盜賊發不能禁夷貊不服不能攝姦邪起不

老·莊 老

能塞官耗亂不能治四時不和不能調歲穀不熟不能適（索隱）音釋適猶調也才賢不爲是不忠也才不賢而託官位利上奉妨賢者處是竊位也（索隱）本音扶用反 有人者進有財者禮是僞也子獨不見鴟梟之與鳳皇翔乎蘭芷芎藭棄於廣野蒿蕭成林使君子退而不顯衆公等是也述而不作君子義也今夫卜者必法天地象四時順於仁義分策定卦旋式正棊（集解）徐廣曰式音栻（索隱）按式即栻也旋轉也栻之形上圓象天下方法地用之則轉天綱加地之辰故云旋式棊者筮之狀正棊蓋謂卜以作卦也 然後言天地之利害事之成敗昔先王之定國家必先龜策日月而後乃敢代正時日乃後入家產子必先占吉凶後乃有之（索隱）謂若卜之不祥則式不收也卜吉而後有故云有之 自伏羲作八卦周文王演三百八十四爻而天下治越王勾踐倣文王八卦（索隱）倣音方往反 以破敵國霸天下由是言之卜筮有何負哉且夫卜筮者掃除設坐正其冠帶然後乃言事此有禮也言而鬼神或以饗忠臣以事其上孝子以養其親慈父以畜其子此有德者也而以義置數十百錢病者或以愈且死或以生患或以免事或以成嫁子娶婦或以養生此之爲德豈直數十百錢哉此夫老子所謂上德不德是以有德今夫卜筮者利大而謝少老子之云豈異於是乎莊子曰君子內無飢寒之患外無劫奪之憂居上而敬居下不爲害君子之道也今夫卜筮者之爲業也積之無委聚藏之不用府庫徙之不用輜車負裝之不重止而用之無盡索之時持不盡索之物游於無窮之世雖莊氏之行未能增於是也子何故而云不可卜哉天不足西北星辰西北移地不足東南以海爲池日中必移月滿必虧先王之道乍存乍亡公責卜者言必信不亦惑乎公見夫談士辯人乎慮事定計必是人也然不能以一言說人主意故言必稱先王語必道上古慮事定計飾先王之成功語其敗害以恐喜人主之志以求其欲多言誇嚴（集解）徐廣曰一作險 莫大於此矣然欲彊國成功盡忠於上非此不立今夫卜者導惑教愚也夫愚惑之人豈能以一言而知之哉言不厭多故騏驥不能與罷驢爲駟而鳳皇不與燕雀爲羣而賢者亦不與不肖者同列故君子處卑隱以辟衆自匿以辟倫微見德順以除羣害以明天性助上養下多其功利不求尊譽公之等喁喁者也何知長者之道乎宋忠賈誼忽而自失芒乎無色（索隱）芒音莫郎反 悵然噤口不能言（索隱）悵音暢噤音禁劉氏音其錦反 於是攝衣而起再拜而辭行洋洋也出市門僅能自上車伏軾低頭卒不能出氣居三日宋忠見賈誼於殿門外乃相引屏語相謂自歎曰道高益安勢高益危居赫赫之勢失身且有日矣夫卜而有不審不見奪糈（集解）徐廣曰音所案離騷經云懷椒糈而要之王逸云糈精米所以享神 爲人主計而不審身無所處（索隱）糈者卜求神之米也言卜之不中乃不見奪其糈米若爲人主計不審則身無所處也 此相去遠矣猶天冠地屨也此老子之所謂無名者萬物之始也天地曠曠物之熙熙或安或危莫知居之我與若何足預彼哉彼久而愈安雖曾氏之義（集解）徐廣曰曾一作莊 未有以異也久之宋忠使匈

奴不至而遷抵罪而賈誼爲梁懷王傅王墮馬薨誼不食毒恨而死此務華絶根者也（索隱言宋忠賈誼皆務華而喪其身是絶其根本也）

太史公曰古者卜人所以不載者多不見于篇及至司馬季主余志而著之

褚先生曰臣爲郎時游觀長安中見卜筮之賢大夫觀其起居行步坐起自動誓正其衣冠而當鄉人也有君子之風見性好解婦來卜對之顏色嚴振未嘗見齒而笑也從古以來賢者避世有居止舞澤者有居民間閉口不言有隱居卜筮間以全身者夫司馬季主者楚賢大夫游學長安通易經術黄帝老子博聞遠見觀其對二大夫貴人之談言稱引古明王聖人道固非淺聞小數之能及卜筮立名聲千里者各往往而在傳曰富爲上貴次之既貴各各學一伎能立其身黄直丈夫也陳君夫婦人也以相馬立名天下齊張仲曲成侯以善擊刺學用劒立名天下留長孺以相彘立名滎陽褚氏以相牛立名能以伎能立名者甚多皆有高世絶人之風何可勝言故曰非其地樹之不生非其意教之不成夫家之教子孫當視其所以好好含苟生活之道因而成之故曰制宅命子足以觀士子有處所可謂賢人臣爲郎時與太卜待詔爲郎者同署言曰孝武帝時聚會占家問之某日可取婦乎五行家曰可堪輿家曰不可建除家曰不吉叢辰家曰大凶厯家曰小凶天人家曰小吉太乙家曰大吉辯訟不決以狀聞制曰避諸死忌以五行爲主人取於五行者也

索隱述贊曰日者之名有自來矣吉凶占候著於墨子齊楚異法書亡罕紀後人斯繼季主獨美取免暴秦此焉終否

# 博士

始皇紀 三十四年 始皇置酒咸陽宮 博士七十人前為壽……博士齊人淳于越進曰

三十五年 侯生盧生相與謀曰……專任獄吏 獄吏得親幸 博士雖七十人特備員弗用……候星氣者至三百人 皆良士 畏忌諱諛不敢端言其過……始皇聞亡乃大怒曰 吾前收天下書不中用者盡去之 悉召文學方術士甚眾 欲以興太平 方士欲練以求奇藥……諸生在咸陽者吾使人廉問 或為訞言以亂黔首 於是使御史悉案問諸生 諸生傳相告引 乃自除犯禁者四百六十餘人 皆阬之咸陽 使天下知之以懲後……始皇長子扶蘇諫曰……諸生皆誦法孔子

也春秋隱公不言即位攝也此二經周公孔子所定蓋爲後法孔子曰畏天命畏大人畏聖人之言（師古曰論語載孔子之言也已解在上）臣莽敢不承用臣請共事神祇宗廟奏言太皇太后孝平皇后皆稱假皇帝（師古曰共讀曰恭）其號令天下天下奏言事毋言攝以居攝三年爲初始元年漏刻以百二十爲度用應天命臣莽夙夜養育隆就孺子（師古曰隆長也成就之使其長大也○劉奉世曰此居攝二年冬也至此始請以居攝三年爲初始元年似是二年冬事疑傳有差誤）令與周之成王比德宣明太皇太后威德於萬方期於富而教之孺子加元服復子明辟如周公故事奏可衆庶知其奉符命指意羣臣博議別奏以視即眞之漸矣（師古曰視讀曰示）期門郎張充等六人謀共劫莽立楚王發覺誅死梓潼人哀章（師古曰梓潼廣漢之縣也潼音童）學問長安素無行好爲大言見莽居攝即作銅匱爲兩檢署其一曰天帝行璽金匱圖其一署曰赤帝行璽某傳予黃帝金策書（○宋祁曰越本邵本云赤帝璽無一行字）某者高皇帝名也書言王莽爲眞天子皇太后如天命圖書皆書莽大臣八人又取令名王興王盛章因自竄姓名（師古曰竄謂厠著也）凡爲十一人皆署官爵爲輔佐章聞齊井石牛事下即日昏時衣黃衣持匱至高



廟以付僕射僕射以聞戊辰莽至高廟拜受金匱神嬗（師古曰嬗古禪字言以神命使漢禪位於莽也）御王冠謁太后還坐未央宮前殿下書曰予以不德託于皇初祖考黃帝之後皇始祖考虞帝之苗裔而太皇太后之末屬皇天上帝隆顯大佑成命統序符契圖文金匱策書神明詔告屬予以天下兆民（師古曰屬委付也音之欲反）赤帝漢氏高皇帝之靈承天命傳國金策之書予甚祗畏敢不欽受以戊辰直定（師古曰於建除之次其日當定）御王冠即眞天子位定有天下之號曰新其改正朔易服色變犧牲殊徽幟異器制（師古曰徽幟通謂旌旗之屬也幟音式志反）以十二月朔癸酉爲建國元年正月之朔（○宋祁曰癸酉字下當有改元二字劉攽曰莽改年爲始建國但云建國者誤也皆當有始字）以鷄鳴爲時服色配德上黃犧牲應正用白使節之旄旛皆純黃其署曰新使五威節以承皇天上帝威命也

臣百僚陪位莫不感動又按金匱輔臣皆封拜以太傅左輔驃騎將軍（○宋祁曰驃字當去旁馬字）安陽侯王舜爲太師封安新公大司徒就德侯平晏爲太傅就新公少阿羲和京兆尹紅休侯劉歆爲國師嘉新公廣漢梓潼哀章爲國將美新公是爲四輔位上公太保後丞承陽侯甄邯爲大司馬承新公（師古曰承陽音烝陽○宋祁曰少阿音猗音義作少猗阿謂猗取阿衡一字也音依倚之倚李奇音奇紅休南本作林字承南本作丞）丕進侯王尋爲大司徒章新公步兵將軍成都侯王邑爲大司空隆新公是爲三公大阿右拂大司空衛將軍廣陽侯甄豐爲更始將軍廣新公（師古曰拂讀曰弼）京兆王興爲衛將軍奉新公輕車將軍成武侯孫建爲立國將軍成新公京兆王盛爲前將軍崇新公是爲四將凡十一公王興者故城門令史王盛者賣餅莽案符命求得此姓名十餘人兩人容貌應卜相徑從布衣登用以視神焉（師古曰視讀曰示）餘皆拜爲郎是日封拜卿大夫侍中尚書官凡數百人諸劉爲郡守皆徙爲諫大夫改明光宮爲定安館定安太后居之

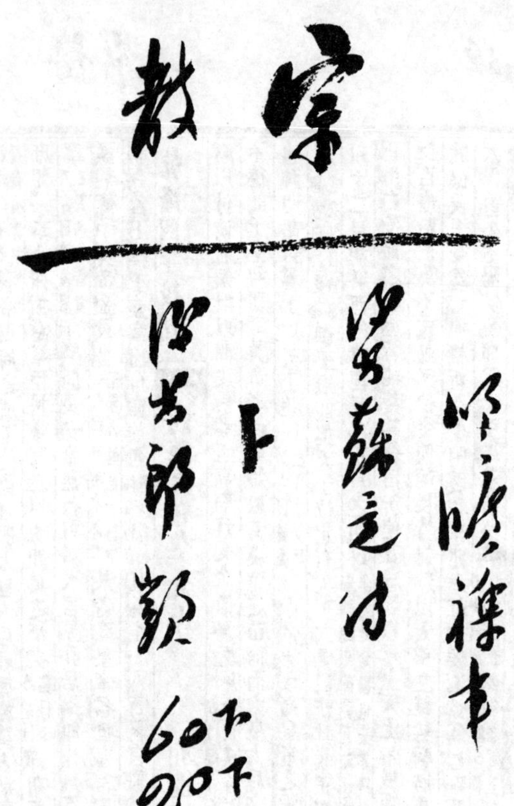
宗教

元帝初元元年四月客星大如瓜色青白在南斗第二星東可四尺占曰爲水饑其五月勃海水大溢六月關東大饑民多餓死琅邪郡人相食

二年五月客星見昴分居卷舌東可五尺青白色炎長三寸占曰天下有妄言者其十二月鉅鹿都尉謝君男詐爲神人論死父免官（孟康曰姓謝名君男者兒也不記其名直言男耳）

乾隆四年校刊　前漢書卷二十六　天文志　五十

四年七月熒惑隃歲星居其東北半寸所如連李時歲星在關星西四尺所熒惑初從畢口大星東東北往數日至往疾去遲占曰熒惑與歲星鬬有病君饑歲至河平元年三月旱傷麥民食榆皮二年十二月壬申太皇太后避時昆明東觀（如淳曰食貨志武帝修昆明池列觀環之或曰御病謝君男欲避其殃○劉奉世曰謝君男死在初元二年太后避時乃河平二年云病何也或疑未曉）

氣往迫之爲薄虧毀爲蝕皆以爲占余觀史記考行事百年之中五星無出而不反逆行反逆行嘗盛大而變色日月薄蝕行南北有時此其大度也故紫宮【正義】中宮也房心【正義】東宮也權衡【正義】南宮也咸池【正義】西宮也虛危【正義】北宮也列宿部星【正義】五宮列宿部内之星也此天之五官坐位也爲經不移徙大小有差闊狹有常【集解】孟康曰闊狹若三台星相去遠近水火金木填星【集解】徐廣曰木火土三星若合是謂驚立絶行此五星者天之五佐【正義】言水火金木土五星佐天行德也爲經緯【正義】五星行南北爲經東西爲緯也見伏有時所過行贏縮有度日變脩德月變省刑星變結和凡天變過度乃占國君彊大有德者昌弱小飾詐者亡大上修德其次修政其次修救其次修禳正下無之夫常星之變希見而三光之占亟用日月暈適【集解】徐廣曰適者災變咎徵也李斐曰適見災于天劉向以爲日月蝕及星逆行非太平之常自周衰以來人事亂故天文應之遂變耳駰案孟康曰暈日旁氣也適日之將食先有黑氣之變雲風此天之客氣其發見亦有大運然其與政事俯仰最近大人之符此五者天之感動爲天數者必通三五【索隱】三謂三辰五謂五星終始古今深觀時變察其精粗則天官備矣

方術傳序 112/117

讖　玄女六韜　遁甲　占學

仲尼稱易有君子之道四焉曰卜筮者尚其占（易繫辭曰以言者尚其辭以動者尚其變以制器者尚其象以卜筮者尚其占）占也者先王所以定禍福決嫌疑幽贊於神明遂知來物者也（易說卦曰聖人之作易也幽贊於神明而生蓍繫辭曰無有遠近幽深遂知來物）若夫陰陽推步之學往往見於墳記矣（左傳曰履端於始舉正於中歸餘於終尚書曰曆象日月星辰也）然神經怪牒玉策金繩關扃於明靈之府封縢於瑤壇之上者靡得而闚也至乃河洛之文龜龍之圖（尚書中候曰堯沈璧於洛玄龜負書背中赤文朱字止壇舜禮壇於河畔沈璧禮畢至于下昃黃龍卷舒圖出水壇畔）箕子之術（箕子說洪範五行陰陽之術也）師曠之書（占災異之書也今書七志有師曠六篇）緯候之部（緯七經緯也候尚書中候也）鈐決之符（兵法有玉鈐篇及玄女六韜要決曰太公對武王曰主將有陰符有大勝得敵之符符長一尺有破軍擒敵之符符長九寸有降城得邑之符符長八寸有卻敵報遠之符符長七寸有交兵警中堅守之符符長六寸有請糧益兵之符符長五寸有敗軍亡將之符符長四寸有失亡吏卒之符符長三寸諸奉使行符稽留若符事聞闚符所告者皆誅）皆所以探抽冥賾參驗人區時有可聞者焉（按爾雅曰賾深也區域也）其流又有風角遁甲七政元氣六日七分逢占日者挺專須臾孤虛之術（風角六日七分解並見郎顗傳遁甲推六甲之陰而隱遁也今書七志有遁甲經七政日月五星之政也元氣者謂開闢陰陽之書也河圖曰元氣闓陽爲天前書班固曰東方朔之逢占覆射音義云逢人所問而占之也日者卜筮掌日之術也史記司馬季主爲日者挺專折竹卜也楚辭曰索瓊茅以筳篿注云筳八段竹也楚人名結草折竹曰專筳音大寧反須臾陰陽吉凶立成之法也今書七志有武王須臾一卷孤虛者孤謂六甲之孤辰若甲子旬中戌亥無干是爲孤也對孤爲虛前書藝文志有風后孤虛二十卷）及望雲省氣推處祥妖時亦有以效於事也（望雲解見明帝紀省氣者觀城郭人畜氣以占之也）而斯道隱遠玄奧難原故聖人不語怪神罕言性命（論語曰子不語怪力亂神又曰子罕言利與命與仁）或開末而抑其端（論語曰孔子有疾子路請禱子曰丘之禱久矣鄭玄注云明素恭肅於鬼神且順子路之言也）或曲辭以章其義（易曰探賾索隱鉤深致遠定天下之吉凶成天下之亹亹者莫善於蓍龜也）所謂民可使由之不可使知之（論語孔子之言鄭玄注云由從也言王者設教務使人從之若皆知其本末則愚者或輕而不行）

讖

漢自武帝頗好方術天下懷協道藝之士莫不負策抵掌順風而屆焉（前書武帝時李少君樂大等並以方術見少君拜文成將軍樂大拜五利將軍貴震天下而海上燕齊之士莫不搤腕而自言有禁方矣搤捥擊也）後王莽矯用符命及光武尤信讖言士之赴趣時宜者皆騁馳穿鑿爭談之也故王梁孫咸名應圖籙越登槐鼎之任（光武以赤伏符文拜王梁爲大司空又以讖文拜孫咸爲大司馬見景丹傳）鄭興賈逵以附同稱顯桓譚尹敏以乖忤淪敗（各見本傳）自是習爲內學尚奇文貴異數不乏於時矣（內學謂圖讖之書也其事秘密故稱內）是以通儒碩生忿其姦妄不經奏議慷慨以爲宜見藏擯（謂桓譚賈逵張衡之流也各見本傳）

陰陽

子長亦云觀陰陽之書使人拘而多忌蓋爲此也（司馬遷字子長其父太史公論六家之要曰竊觀陰陽之術太詳而衆忌諱使人拘而多畏見史記也）夫物之所偏不能無蔽雖云大道其硋或同（硋五愛反）若乃詩之失愚書之失誣然則術數之失至於詭俗乎如令溫柔敦厚而不愚斯深於詩者也疏通知遠而不誣斯深於書者也（禮記曰其爲人也溫柔敦厚詩教也疏通知遠書教也詩之失愚書之失誣鄭玄注詩敦厚近愚書知遠近誣也）極數知變而不詭俗斯深於數術者也（易曰極數知來之謂占又曰知變化之道者其知神之所爲乎）故曰苟非其人道不虛行（易繫辭之文也）意者多迷其統取遺頗偏甚有雖流宕過誕亦失也（取遺謂信與不信也陰陽之術或信或不信各有所執故偏頗也以爲甚有者雖流宕失中過稱虛誕者亦爲失也○劉攽曰正文甚有雖流宕過誕亦失此文不成文理注亦不明蓋非范本真）中世張衡爲陰陽之宗郎顗咎徵最密餘亦班班名家焉（謂襄楷樊英楊厚等也）其徒亦有雅才偉德未必體極藝能今蓋科其推變尤長可以弘補時事因合表之云（表顯也）

漢書
王莽傳
劉氏

魏成大尹李焉與卜者王況謀況謂焉曰新室卽位以來民田奴婢不得賣買數改錢貨徵發煩數軍旅騷動四夷竝侵百姓怨恨盜賊竝起漢家當復興君姓李李音徵徵火也師古曰徵音竹里反當爲漢輔因爲焉作讖書言文帝發忿居地下趣軍北告匈奴南告越人師古曰趣讀曰促江中劉信執敵報怨復續古先四年當發軍江湖有盜自稱樊王姓爲劉氏萬人成行師古曰行音胡郎反不受赦令欲動秦雒陽十一年當相攻太白揚光歲星入東井其號當行師古曰號謂號令也又言莽大臣吉凶各有日期會合十餘萬言焉令吏寫其書吏亡告之莽遣使者卽捕焉獄治皆死

甘公

陳餘愈益怒，曰張耳與餘功等也，今張耳王，餘獨侯，此項羽不平。及齊王田榮畔楚，陳餘乃使夏說說田榮曰〔正義上說音稅下音式銳反〕項羽為天下宰不平，盡王諸將善地，徙故王王惡地，今趙王乃居代。願王假臣兵，請以南皮為扞蔽。田榮欲樹黨於趙以反楚，乃遣兵從陳餘。陳餘因悉三縣兵襲常山王張耳。張耳敗走，念諸侯無可歸者，曰漢王與我有舊故〔集解張晏曰漢王布衣時嘗從張耳遊〕而項羽又彊立我，我欲之楚〔集解張晏曰羽雖彊盛又為所立是以狐疑未知所往也〕甘公曰〔集解文穎曰善說星者甘氏也……〕漢王之入關，五星聚東井。東井者秦分也。先至必霸。楚雖彊，後必屬漢。故耳走漢。〔集解……〕漢王亦還

曰扞蔽猶言藩屏也 田榮欲樹黨，乃遣兵從餘。餘悉三縣兵，襲常山王耳。耳敗走，曰漢王與我有故，而項王彊，立我，我欲之楚。師古曰羽既彊盛又為所立是以狐疑莫知所往 甘公曰〔文穎曰善說星者甘氏也晉灼曰齊人〕漢王之入關，五星聚東井。東井者秦分也。先至必王。楚雖彊，後必屬漢。耳走漢。漢亦還定三秦，方圍章邯廢丘。耳謁漢王，漢王厚遇之。

三皇邁化協神醇朴謂五星如連珠日月如合璧化由自然民不犯慝至於書契之興五帝是作軒轅始受河圖鬭苞授規日月星辰之象故星官之書自黃帝始至高陽氏使南正重司天北正黎司地唐虞之時羲仲和仲（尚書曰帝在璇璣玉衡以齊七政孔安國曰在察也璇美玉也璣衡王者正天文之器可運轉者七政日月五星各異政舜察天文齊七政也）夏有昆吾湯則巫咸周之史佚萇弘宋之子韋楚之唐蔑魯之梓慎鄭之裨竈魏石中夫（或云石申父）齊國甘公皆掌天文之官仰占俯視以佐時政步變擿微通洞密至採禍福之原覩成敗之勢秦燔詩書以愚百姓六經典籍殘為灰炭星官之書全而不毀故秦史書始皇之時彗孛大角大角以亡有大星與小星鬬于宮中是其廢亡之徵至漢興景武之際司馬談談子遷以世黎氏之後為太史令遷著史記作天官書成帝時中壘校尉劉向廣洪範災條作五紀皇極之論以參往行之事孝明帝使班固叙漢書而馬續述天文志（謝沈書曰蔡邕撰建武已後星驗著明以續前志譙周接繼其下者）今紹漢書作天文志起王莽居攝元年迄孝獻帝建安二十五年二百一十五載言其時星辰之變表象之應以顯天戒明王事焉

集韻 [illegible]古[illegible]以[illegible]本是當人 五韻也

録云楚人[illegible]國[illegible]作大字[illegible]曰八卷

正韻七録云 [illegible]親人[illegible][illegible]作[illegible]八卷以

李陽[illegible]一是[illegible]出[illegible][illegible][illegible]一[illegible][illegible][illegible][illegible][illegible]代[illegible]

初[illegible][illegible]

宗教
元后傳

上
相
通
元后傳

君君力爲廣惠君君弟爲廣施君皆食湯沐邑日夜共譽莽莽又知太后婦人厭居深宮中莽欲虞樂以市其權張晏曰以娛樂之事易其權若市買之易物者也師古曰虞與娛同迺令大后四時車駕巡狩四郊師古曰邑外謂之郊近二十里也○宋祁曰近字下當有郊字劉奉世曰言郊不必二十里也郭槐里焉得云近存見孤寡貞婦春幸繭館師古曰漢宮閣疏云上林苑有繭觀蓋養蠶之所也率皇后列侯夫人桑遵霸水而祓除師古曰桑採桑也遵循也謂緣水邊夏遊籞宿鄠杜之閒師古曰籞宿苑在長安城南今之御宿川是也○宋祁曰籞一本作御秋歷東館望昆明集黃山宮冬饗飲飛羽師古曰黃山宮在槐里飛羽殿在未央宮中羽字或作雨校獵上蘭師古曰上蘭觀名也在上林中登長平館師古曰在長平坂也臨涇水而覽焉太后所至屬縣輒施恩惠賜民錢帛牛酒歲以爲常太后從容言曰師古曰從音千容反我始入太子家時見於丙殿至今五六十歲尚頗識之師古曰識記也音式志反莽因曰太子宮幸近可壹往遊觀不足以爲勞於是太后幸太子宮甚說師古曰說讀曰悅太后旁弄兒病在外舍服虔曰言婢侍史生兒取以作弄兒也莽自親候之其欲得太后意如此平帝崩無子莽徵宣帝玄孫選最少者廣戚侯子劉嬰年二歲託以卜相爲最吉迺風公卿奏請立嬰爲孺子師古曰風讀曰諷令宰衡安漢公莽踐阼居攝如周公傅成王故事太后不以爲可力不能禁於是莽遂爲攝皇帝改元稱制焉俄而宗室安衆侯劉崇及東郡太守翟義等惡之更舉兵欲誅莽師古曰更音工衡反太后

宗敬考證

寢皆爲朱戶納陛陳崇又奏安漢公祠祖禰出城門城門校尉宜將騎士從入有門衛出有騎士所以重國也奏可其秋莽以皇后有子孫瑞通子午道張晏曰時年十四始有婦人之道也子水午火也水以天一爲牡火以地二爲牝故火爲水妃令通子午以協之子午道從杜陵直絶南山徑漢中師古曰子北方也午南方也言通南北道相當故謂之子午耳今京城直南山有谷通梁漢道名子午谷又宜州西界慶州東界有山名子午嶺計南北直相當此則北山者是子南山者是午共爲子午道○劉奉世曰史文以從杜陵徑漢中爲子午道耳顔之所見非

慶上書（師古曰：王子侯年表，象陵節侯賢，長沙定王子，本始四年封，侯禹定嗣，二十二年薨，黃龍元年頃侯慶嗣，此則是也。此與文翟義傳並云泉陵，地理志泉陵屬零陵郡，而表作象陵，表爲誤也。）言周成王幼少稱孺子周公居攝今帝富於春秋宜令安漢公行天子事如周公羣臣皆曰宜如慶言冬熒惑入月中平帝疾莽作策請命於泰畤戴璧秉圭願以身代藏策金縢置于前殿敕諸公勿敢言（師古曰：詐依周公爲武王請命作金縢也。）十二月平帝崩大赦天下莽徵明禮者宗伯鳳等與定天下吏六百石以上皆服喪三年奏尊孝成廟曰統宗孝平廟曰元宗時元帝世絕而宣帝曾孫有見王五人（師古曰：王之見在者。）列侯廣戚侯顯等四十八人莽惡其長大曰兄弟不得相爲後迺選玄孫中最幼廣戚侯子嬰年二歲託以爲卜相最吉是月

相莽術

莽爲人侈口蹷顄師古曰侈大也蹷短也顄頤也蹷其月反顄胡感反露眼赤精大聲而嘶師古曰嘶聲破也音先奚反長七尺五寸好厚履高冠以氂裝衣師古曰毛之强曲者曰氂以裝褚衣中令其張起也氂音力之反字或作犛音義同反膺高視瞰臨左右師古曰瞰謂遠視也音曲濫反是時有用方技待詔黃門者或問以莽形貌待詔曰莽所謂鴟目虎吻豺狼之聲者也故能食人亦當爲人所食問者告之莽誅滅待詔而封告者後常翳雲母屏面師古曰屏面即便面蓋扇之類也解在張敞傳非親近莫得見也

是歲八月莽親之南郊鑄作威斗

威斗者以五石銅爲之李奇曰以五色藥石及銅爲之蘇林曰以五色銅鑛冶之師古曰李說是也若今作鍮石之爲若北斗長二尺五寸欲以厭勝衆兵師古曰厭音一葉反既成令

司命負之莽出在前入在御旁鑄斗日大寒百官人馬有凍死者

是月赤眉殺太師羲仲景尚關東人相食四月遣太師王匡更始將軍廉丹東師古曰東謂東出也祖都門外師古曰祖道送匡丹都門外天大雨霑衣止長老歎曰是謂泣軍莽曰惟陽九之阸與害氣會究于去年枯旱霜蝗饑饉薦臻師古曰薦讀曰荐荐仍也百姓困乏流離道路於春尤甚予甚悼之今使東岳太師特進褒新侯開東方諸倉賑貸窮乏太師公所不過道分遣大夫謁者並開諸倉以全元元太師公因與廉丹大使五威司命位右大司馬更始將軍平均侯之

梟不則皆函陰氣師古曰函讀與含同厥水流入國邑隕霜殺穀○宋祁曰穀當作菽桓公元年秋大水董仲舒劉向以為桓弒兄隱公民臣痛隱
而賤桓後宋督弒其君師古曰宋華父督為太宰弒殤公事在桓公二年諸侯會將討之師古曰謂齊陳鄭也桓受宋賂而歸師古曰謂郜大鼎又背宋諸侯由是伐魯
仍交兵結讎伏尸流血百姓愈怨師古曰桓會宋公者五與宋公盟者三已而背盟伐宋宋公燕人怨而求助齊衛助之也公羣而會紀侯鄭伯及四國之師大戰故十三年夏復大水一曰
夫人驕淫將弒君陰氣盛桓不寤卒弒死劉歆以為桓易許田不祀周公師古曰許田魯朝宿之邑而有周公廟桓與鄭易而取鄭之祊田故云不祀周公廢
祭祀之罰也嚴公七年秋大水亡麥苗董仲舒劉向以為嚴母文姜與兄齊襄公淫共殺桓公嚴釋父讎復取齊女未入先與
之淫一年再出會於道逆亂臣下賤之之應也十一年秋宋大水董仲舒以為時魯宋比年為乘丘鄑之戰師古曰比年頻年也莊十年公敗宋
師于乘丘十一年公敗宋師于鄑乘丘鄑魯地鄑音子移反百姓愁怨陰氣盛故二國俱水劉向以為時宋愍公驕慢睹災不改明年與其臣宋萬博戲婦
人在側矜而罵萬萬殺公之應師古曰萬宋大夫也嘗敗獲于魯復歸宋又為大夫與愍公博婦人在側萬曰甚矣魯侯之淑魯侯之美天下諸侯宜為君者唯魯侯耳愍公矜此婦人妒其言顧曰此虜也爾虜焉知魯侯
之美惡乎至萬怒搏愍公絕其脰而死事在莊十二年二十四年大水董仲舒以為夫人哀姜淫亂不婦陰氣盛也劉向以為哀姜初入公使大夫宗婦
見用幣師古曰宗婦同姓之婦也大夫妻及宗婦見夫人者皆令執幣是無禮也又淫於二叔公弗能禁臣下賤之故是歲明年仍大水劉歆以為先是嚴飾宗廟
刻桷丹楹以夸夫人臣瓚曰桷椽也韋昭曰楹柱也師古曰莊公二十三年丹桓宮楹二十四年刻桓宮桷將逆夫人故為盛飾簡宗廟之罰也師古曰簡慢也宣公十年秋大水饑董仲
舒以為時比伐邾取邑師古曰比頻也九年秋取根牟公羊傳曰根牟者何邾婁之邑也十年公孫歸父帥師伐邾取繹故云比年也亦見報復兵讎連結百姓愁怨劉向以為宣公
殺子赤而立子赤齊出也師古曰赤母姜氏赤死姜氏大歸齊市人皆哭魯人謂之哀姜故懼以濟西田賂齊師古曰宣既即位與齊侯會于平州以定其位元年六月齊人取濟西田為立公故以賂齊也
邾子貜且亦齊出也師古曰貜且邾文公之子邾定公也亦齊女所生貜音俱碧反又音钁且音子余反而宣比與邾交兵師古曰比頻也臣下懼齊之威創邾之禍師古曰創懲艾也音
初亮反皆賤公行而非其正也成公五年秋大水董仲舒劉向以為時成幼弱政在大夫前此一年再用師師古曰成三年春公會晉侯宋公衛侯曹
伯伐鄭秋叔孫僑如帥師圍棘是也明年復城鄆以彊私家師古曰四年城鄆鄆季氏邑音運仲孫蔑叔孫僑如顓會宋晉陰勝陽師古曰仲孫蔑孟獻子也成五年春仲孫蔑如宋夏叔孫
僑如會晉荀首于穀顓與專同專者不稟命於公襄公二十四年秋大水董仲舒以為先是一年齊伐晉襄使大夫帥師救晉師古曰襄二十三年秋齊侯伐衛遂伐晉八月叔
孫豹帥師救晉次于雍榆後又侵齊師古曰二十四年仲孫羯帥師侵齊國小兵弱數敵彊大百姓愁怨陰氣盛劉向以為先是襄慢鄰國是以邾伐其南
師古曰十五年邾人伐我南鄙是也齊伐其北師古曰十六年齊人伐我北鄙是也莒伐其東師古曰十二年莒人伐我東鄙是也百姓騷動後又仍犯彊齊也師古曰十八年公會晉侯宋公衛侯
鄭伯同圍齊二十三年救晉二十四年又侵齊是重犯也大水饑穀不成其災甚也高后三年夏漢中南郡大水水出流四千餘家四年秋河南大水伊
雒流千六百餘家汝水流八百餘家八年夏漢中南郡水復出流六千餘家南陽沔水流萬餘家師古曰沔漢水之上也音彌善反是時女
主獨治諸呂相王文帝後三年秋大雨晝夜不絕三十五日藍田山水出流九百餘家漢壞民室八千餘所殺三百餘人先是
趙人新垣平以望氣得幸為上立渭陽五帝廟欲出周鼎以夏四月郊見上帝師古曰事並見郊祀志歲餘懼誅謀為逆發覺要斬夷三

# 相

隋代

勉案財讀六朝史者每以隋代為其附隋

代非美詞

# 宗教

上堂……

承蒙某某惠教若干

原某年月日上门

啓

本州府某縣子平八字楼圖等……

又五六之の—六

# 卜筮

## 卜

勉案除古卜法外如秦紀卅六年
卜之卦得游徙吉不知其龜卜否云云
秦二世夢白虎齧其左驂馬殺之心不樂怪
問占夢卜曰涇水為祟則占夢卅
秩卜

一虎之狀而豺狼之聲

穆公庶子辭曰以賢則去疾不足（去疾子良名○去起呂反下皆同）以順則公子堅長乃立襄公（襄公堅也○長丁丈反）襄公將去穆氏（逐羣兄弟）而舍子良（以其讓已○舍音赦下同）子良不可曰穆氏宜存則固願也若將亡之則亦皆亡去疾何爲（何爲獨留）乃舍之皆爲大夫○初楚司馬子良生子越椒子文曰必殺之（子文子良之兄）是子也熊虎之狀而豺狼之聲弗殺必滅若敖氏矣諺曰狼子野心是乃狼也其可畜乎子良不可子文以爲大慼

翟方進傳第五十四

翟方進字子威汝南上蔡人也家世微賤至方進父翟公好學爲郡文學方進年十二三失父孤學給事太守府爲小史號遲頓不及事師古曰頓讀曰鈍數爲掾史所詈辱方進自傷迺從汝南蔡父相問己能所宜師古曰言從何術藝可以自達蔡父大奇其形貌謂曰小史有封侯骨當以經術進努力爲諸生學問淳化本努作怒方進既厭爲小史聞蔡父言心喜因病歸家辭其後母欲西至京師受經母憐其幼○宋祁曰於母字上疑有後字隨之長安織屨以給方進讀經博士受春秋積十餘年經學明習徒衆日廣諸儒稱之以射策甲科爲郎二三歲舉明經遷議郎是時宿儒有清河胡常師古曰宿久舊也與方進同經常爲先進名譽出方進下師古曰常官學雖在前而名譽不及方進心害其能論議不右方進師古曰毁短也○劉敞曰多一論字方進知之候伺常大都授時師古曰都授謂總集諸生大講授也遣門下諸生至常所問大義疑難因記其說如是者久之常知方進之宗讓己師古曰宗尊也內不自得其後居士大夫之間未嘗不稱述方進遂相親友河平中方進轉爲博士數年遷朔方刺史居官不煩苛所察應條輒舉甚有威名再三奏事師古曰刺史歲盡輒奏事京師也遷爲丞相司直從上甘泉行馳道中司隸校尉陳慶劾奏方進沒入車馬既至甘泉宮會殿中慶與廷尉范延壽語時慶有章劾自道行事以贖論師古曰當察泰畤行事

# 宗教

# 卜[illegible]筮

卜卦古辭出書皆天啟之遺古有商明德

殷古文卦末有東方朔冀少昊啟

遺古辭零殘

論衡十三別通篇

[illegible]

至頻陽所過迎降師古曰所至之處人皆來迎而降附也大姓櫟陽申碭下邽王大皆率衆隨憲屬縣斄嚴春師古曰屬縣三輔諸縣也斄右扶風斄讀與邰同其人姓嚴名春
茂陵董喜藍田王孟槐里汝臣盩厔王扶陽陵嚴本杜陵屠門少之屬師古曰姓屠門名少衆皆數千人假號稱漢將時李松鄧曄以為
京師小小倉尚未可下何況長安城當須更始帝大兵到卽引軍至華陰治攻具而長安旁兵四會城下聞天水隗氏兵方到
皆爭欲先入城貪立大功鹵掠之利莽遣使者分赦城中諸獄囚徒皆授兵殺豨飲其血與誓曰有不為新室者社鬼記之更
始將軍史諶將度渭橋皆散走諶空還衆兵發掘莽妻子父祖冢燒其棺椁及九廟明堂辟雍火照城中或謂莽曰城門卒東
方人不可信莽更發越騎士為衛門置六百人各一校尉十月戊申朔兵從宣平城門入民間所謂都門也師古曰長安城東出北頭第一門
張邯行城門逢兵見殺師古曰行音下更反王邑王林王巡𧸖惲等分將兵距擊北闕下漢兵貪莽封力戰者七百餘人師古曰獲莽當得封故貪之而力戰
會日暮官府邸第盡犇亡二日己酉城中少年朱弟張魚等恐見鹵掠趨讙並和師古曰衆羣行讙而相和也和音乎臥反燒作室門斧敬法
闥師古曰敬法殿名也闥小門也謂斧斫之也讙曰反虜王莽何不出降師古曰讙音火故反其下亦同火及掖庭承明黃皇室主所居也莽避火宣室前殿火輒
隨之宮人婦女讙譁曰當奈何時莽紺袀服師古曰讙古啼字也紺深青而揚赤色也袀純也純為紺服也袀音均又式旬反帶璽韍持虞帝匕首天文郎按栻於前
師古曰栻所以占時日天文郎今之用栻者也音式日時加某莽旋席隨斗柄而坐曰天生德於予漢兵其如予何師古曰論語稱孔子曰天生德於予桓魋其如予何故莽引之以為言也
莽時不食少氣困矣三日庚戌晨旦明羣臣扶掖莽自前殿南下椒除服虔曰邪行闕道下者也師古曰除殿陛之道也椒取芬香之名也西出白虎門和新公
王揖奉車待門外莽就車之漸臺欲阻池水猶抱持符命威斗公卿大夫侍中黃門郎從官尚千餘人隨之王邑晝夜戰罷極

門數入説教侍中（師古曰爲萮侍中説經爲教授）以召賀賀入説上善之（師古曰説於天子之前）以賀爲郎會八月飲酎行祠孝昭廟（師古曰行謂天子出）先敺旄頭劍挺墮墜首垂泥中（師古曰挺引也劍自然引拔出也墜古地字○宋祁曰垂字當作亜字）刃鄉乘輿車（師古曰鄉讀曰嚮）馬驚於是召賀筮之有兵謀不吉上還使有司侍祠是時霍氏外孫代郡太守任宣坐謀反誅（師古曰霍光傳云任宣霍氏之壻此云外孫誤也）宣子章爲公車丞亡在渭城界中夜玄服入居郎閒（師古曰郎著皂衣故章玄服以厠也）執戟立廟門待上至欲爲逆發覺伏誅故事上常夜入廟其後待明而入自此始也賀以筮有應（音）是近幸爲大中大夫給事中至少府爲人小心周密上信重之年老終官

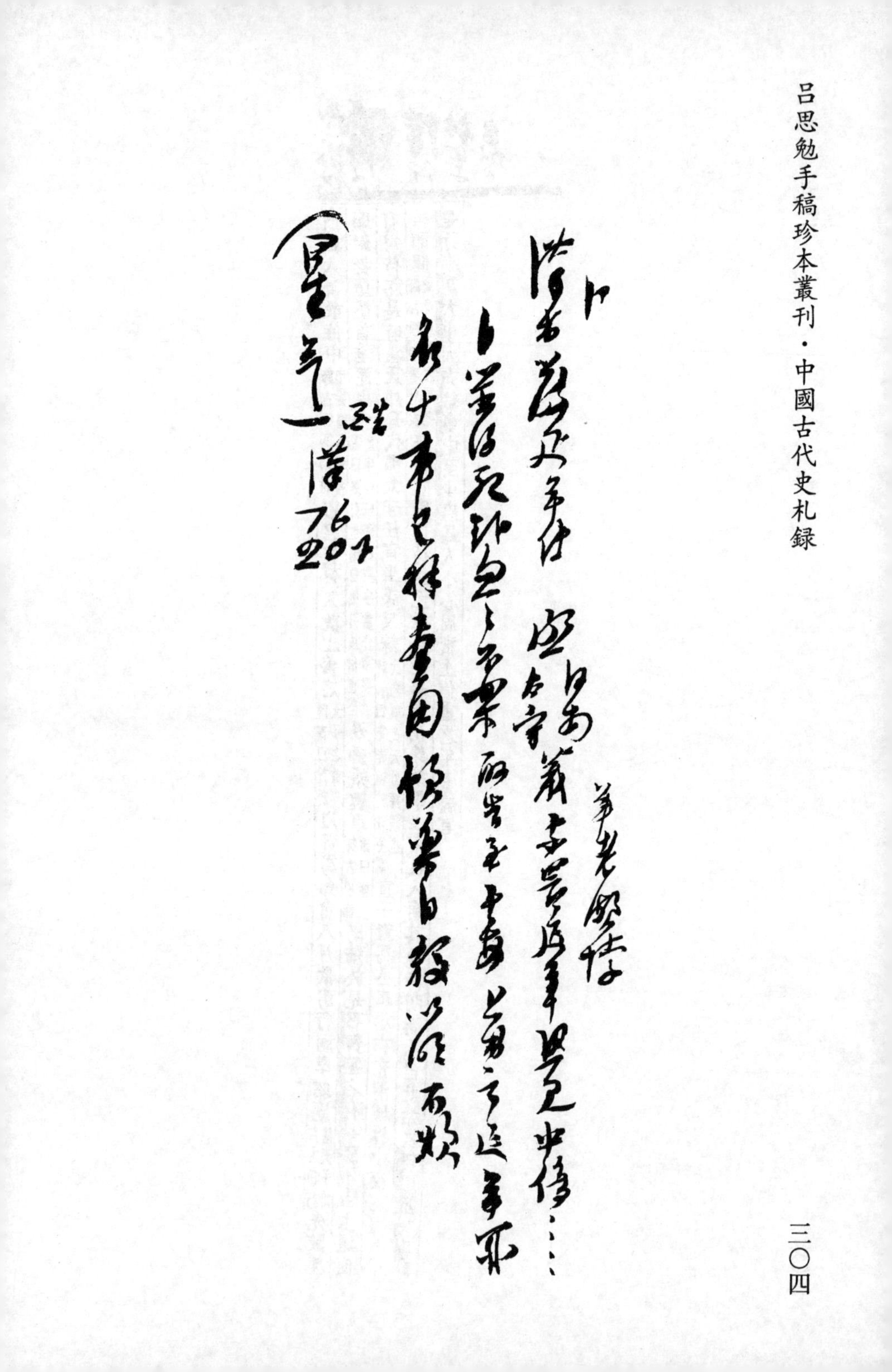

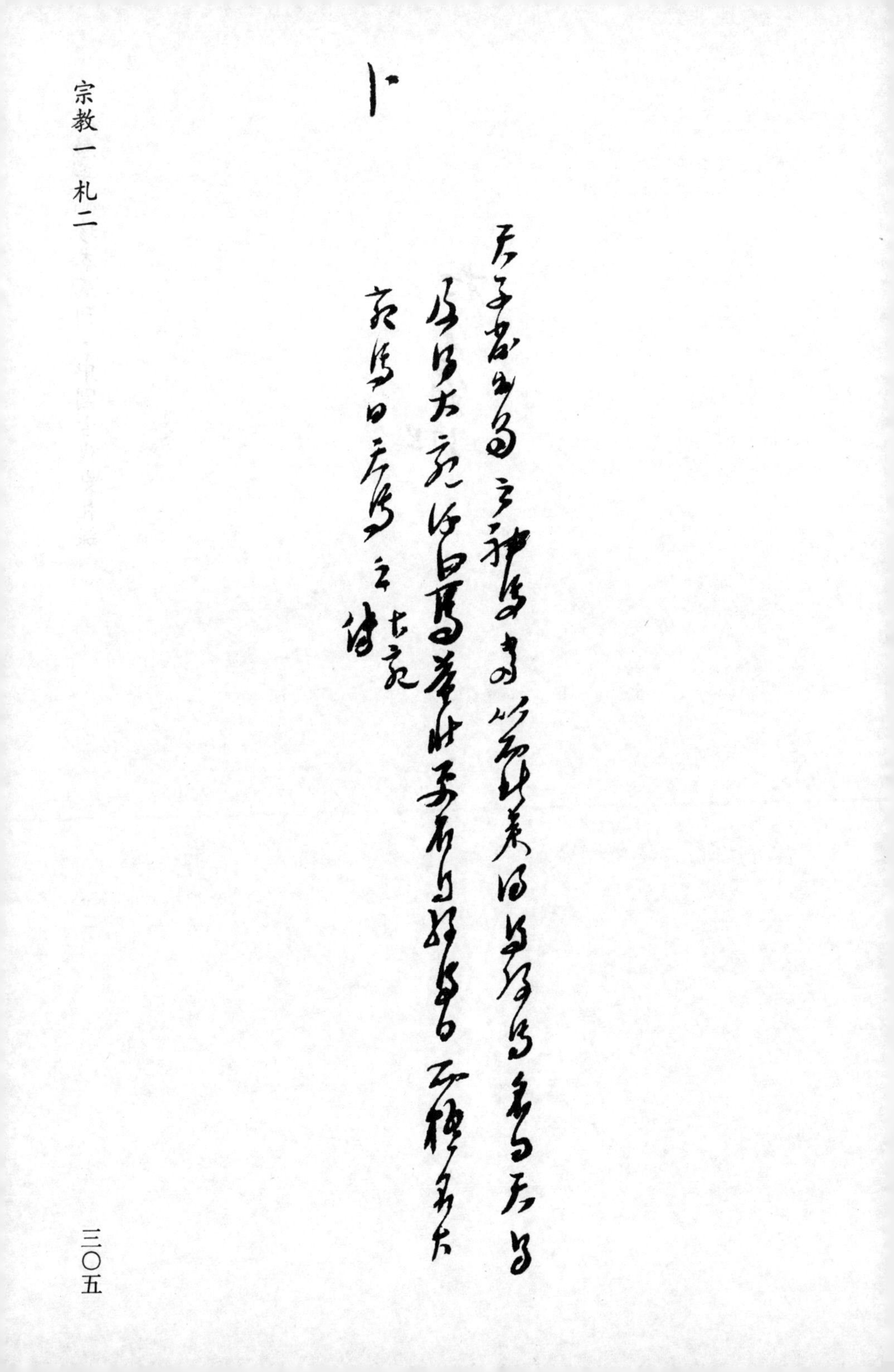

[illegible]

杜 霸弘

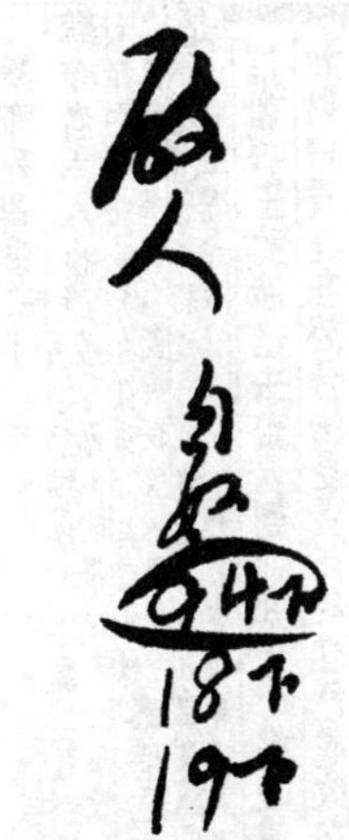

相

黥布列傳第三十一

黥布者六人也姓英氏索隱地理志廬江有六縣蘇林曰今爲六安也布本姓英英國名也咎繇之後布以少時有人相云當刑而王故漢雜事云布改姓黥以厭當之也正義故六城在壽州安豐縣西南百三十三里按黥布封淮南王都六即此城又春秋傳六與蓼咎繇之後或封於英六蓋英後改爲蓼也秦時爲布衣少年有客相之曰當刑而王及壯坐法黥布欣然笑曰人相我當刑而王幾是乎集解徐廣曰幾一作豈駰謂幾近也索隱臣瓚音機楚漢春秋作豈是乎故徐廣云一作豈劉氏音祈祈者語辭也義亦通人有聞者共俳笑之索隱謂衆共以俳優戲笑之

此所以不信

信謝項王武涉已去齊人蒯通知天下權在韓信欲爲奇策而感動之以相人說韓信曰僕嘗受相人之術韓信曰先生相人何如對曰貴賤在於骨法憂喜在於容色成敗在於決斷以此參之萬不失一韓信曰善先生相寡人何如對曰願少間信曰左右去矣通曰相君之面不過封侯又危不安相君之背貴乃不可言張晏曰背畔則大貴韓信曰何謂也蒯通曰天下初發難也俊雄豪桀連

諫而死願陛下爲萬民思從道也使者曰臣受詔行法於將軍不敢以將軍言聞於上也蒙恬喟然太息曰我何罪於天無過而死乎良久徐曰恬罪固當死矣起臨洮屬之遼東城塹萬餘里此其中不能無絶地脈哉此乃恬之罪也乃吞藥自殺

太史公曰吾適北邊自直道歸行觀蒙恬所爲秦築長城亭障塹山堙谷通直道固輕百姓力矣夫秦之初滅諸侯天下之心未定痍傷者未瘳而恬爲名將不以此時彊諫振百姓之急養老存孤務修衆庶之和而阿意興功此其兄弟遇誅不亦宜乎何乃罪地脈哉

乾隆四年校刊

之

## 姓字

後書樊鄧 諸儒傳 鄧閻列傳 鄧曄(?)子宣(?)

後根據亨時為太常時所生女兒諱閔(?)

久之坐法免會陽陵朱安世告丞相公孫賀子太僕敬聲爲巫蠱事連及陽石諸邑公主賀父子皆坐誅語在賀傳後上幸甘泉疾病充見上年老恐晏駕後爲太子所誅因是爲姦奏言上疾祟在巫蠱（師古曰祟謂禍咎之徵也音息遂反故其字從出從示示者鬼神所以示人也）於是上以充爲使者治巫蠱充將胡巫掘地求偶人（張晏曰胡者言不與華同故充任使之也）捕蠱及夜祠視鬼染汙令有處（張晏曰充捕巫蠱及夜祭祠祝詛者令胡巫視鬼詐以酒醊地令有處也　師古曰捕夜祠及視鬼之人而充遣巫汙染地上爲祠祭之處以誣其人也）輒收捕驗治燒鐵鉗灼強服之（師古曰以燒鐵或鉗之或灼之鉗鑷也灼炙也鉗音其炎反）民轉相誣以巫蠱吏輒劾以大逆亡道坐而死者前後數萬人是時上春秋高疑左右皆爲蠱祝詛有與亡莫敢訟其冤者充既知上意因言宮中有蠱氣先治後宮希幸夫人以次及皇后遂掘蠱於太子宮得桐木人（師古曰三輔舊事云充使胡巫作而薶之）太子懼不能自明收充自臨斬之罵曰趙虜前亂乃國王父子不足邪（師古曰乃汝也）迺復亂吾父子也太子繇是遂敗（師古曰繇與由同）語在戾園傳（師古曰即武五子傳也其中叙戾太子後即說置園邑故云戾園）後武帝知充有詐夷充三族

乾隆四年校刊　十一

濟北貞王勃者景帝四年徙徙二年因前王衡山凡十四年薨子式王胡嗣五十三年薨○宋祁曰三或作四子寬嗣十二年寬坐與父式王后光姬孝兒姦誖人倫師古曰誖亂也音布內反又祠祭祝詛上有司請誅上遣大鴻臚利召王王以刃自剄死國除爲北安縣屬泰山郡

祠

後方士言益州有金馬碧雞之寶可祭祀致也宣帝使褒往祀焉褒於道病死上閔惜之

以之

# 實證

史記衡山列傳「王后乘舒死，立徐來為王后

王后厥姬……無……徐來使婢

婢蠱道殺太子母，太子心怨徐來」

巫術害人「徐來四……嘗蠱殺前王后

三之五葉下

孫憙景尚曹放等擊賊不能克軍師放
縱百姓重困師古曰重音直用反莽以王況讖言荊楚當興李氏為輔欲厭之師古曰厭音一葉反迺拜侍中掌牧大夫李棽為大將軍揚州牧
賜名聖師古曰改其舊名以聖代讖棽音所林反使將兵奮擊上谷儲夏自請願說瓜田儀服虔曰儲夏人姓也劉奉世曰當脫一名字莽以為中郎使出儀師古曰說之令
自出儀文降未出而死師古曰上文書言降而身未出莽求其尸葬之為起冢祠室謚曰瓜寧殤男幾以招來其餘師古曰幾讀曰冀然無肯降者閏
月丙辰大赦天下天下大服民私服在詔書前亦釋除張晏曰莽妻本以此歲死天下大服也私服自喪其親皆除之郎陽成脩獻符命言繼立民母又曰黃
帝以百二十女致神僊莽於是遣中散大夫謁者各四十五人分行天下師古曰行音下更反博采鄉里所高有淑女者上名莽夢長樂
宮銅人五枚起立莽惡之念銅人銘有皇帝初兼天下之文即使尚方工鐫滅所夢銅人膺文師古曰鐫鑿也音子全反又感漢高廟神靈
師古曰謂夢見譴責遣虎賁武士入高廟拔劍四面提擊師古曰提擲也音徒計反斧壞戶牖師古曰以斧斫壞之桃湯赭鞭鞭灑屋壁師古曰桃湯灑之赭鞭鞭之也赭赤也令
輕車校尉居其中又令中軍北壘居高寢師古曰徙北軍壘之兵士於高廟寢中屯居也或言黃帝時建華蓋以登僊莽乃造華蓋九重高八丈一尺
金瑵羽葆師古曰瑵讀曰爪謂蓋弓頭為爪形載以祕機四輪車服虔曰蓋高八丈其杠皆有屈膝可上下屈伸也師古曰言潛為機關不使外見故曰祕機也駕六馬力士三百人黃衣幘車
上人擊鼓輓者皆呼登仙莽出令在前百官竊言此似輀車非僊物也師古曰輀車載喪車音而

壽獨患大將軍與右將軍王莽（張晏曰天水人也字稚叔）今右將軍物故（師古曰謂死也）丞相病幸事必成徵不久令羣臣皆裝是時天雨虹下屬宮中（師古曰屬猶注也音之欲反）飲井水井水泉竭（○宋祁曰越本無泉字）廁中豕羣出壞大官竈（師古曰廁養豕圂也圂音胡困反）烏鵲鬬死鼠舞殿端門中（師古曰端門正門也）殿上戶自閉不可開天火燒城門大風壞宮城樓折拔樹木流星下墮后姬以下皆恐王驚病使人祠葭水台水（晉灼曰地理志葭水在廣平南和台水在鄗師古曰葭音家台音怡）王客呂廣等知星為王言當有兵圍城期在九月十月漢當有大臣戮死者語具在五行志王愈憂恐謂廣等曰謀事不成妖祥數見兵氣且至柰何會蓋主舍人父燕倉知其謀告之由是發覺丞相賜璽書部中二千石逐捕孫縱之及左將軍桀等皆伏誅旦聞之召相平曰事敗遂發兵乎平曰左將軍已死百姓皆知之不可發也王憂懣（師古曰懣音滿）

位封胥四子聖曾寶昌皆為列侯又立胥小子弘為高密王所以褒賞甚厚始昭帝時胥見上年少無子有覬欲心（師古曰覬音冀）而楚地巫鬼（師古曰言其土俗尊尚巫鬼之事）胥迎女巫李女須使下神祝詛（師古曰女須者巫之名也）女須泣曰孝武帝下我左右皆伏（師古曰見女須云武帝神下故伏而聽之）言吾必令胥為天子胥多賜女須錢使禱巫山（師古曰即楚地之巫山也）會昭帝崩胥曰女須良巫也殺牛塞禱（師古曰以為因禱祝詛而崩也塞音先代反）及昌邑王徵復使巫祝詛之後王廢胥寖信女須等（師古曰寖古浸字也寖漸也益也）數賜予錢物宣帝即位胥曰太子孫何以反得立復令女須祝詛如前又胥女為楚王延壽后弟婦數相餽遺通私書（師古曰餽亦饋字）後延壽坐謀反誅辭連及胥有詔勿治賜胥黃金前後五千斤它器物甚衆胥又聞漢立太子謂姬南等曰我終不得立矣乃止不詛後胥子南利侯寶坐殺人奪爵還歸廣陵與胥姬左脩姦事發覺繫獄棄市相勝之奏奪王射陂草田以賦貧民（張晏曰射水之陂在射陽縣）奏可胥復使巫祝詛如前胥宮園中棗樹生十餘莖莖上赤葉白如素池水變赤魚死有鼠晝立舞王后庭中胥謂姬南等曰棗水魚鼠之怪甚可惡也居數月祝詛事發覺有司按驗胥惶恐藥殺巫及宮人二十餘人以絕口公卿請誅胥天子遣廷尉大鴻臚即訊（師古曰就問也○宋祁曰浙本鴻臚字下有卿字）胥

各賜湯沐邑千戶語在霍光傳國除為山陽郡初賀在國時數有怪嘗見白犬高三尺無頭其頸以下似人而冠方山冠後見熊（○宋祁曰浙本後作復）左右皆莫見又大鳥飛集宮中王知惡之輒以問郎中令遂遂為言其故語在五行志王卬天歎曰不祥何為數來（師古曰卬讀曰仰）遂叩頭曰臣不敢隱忠數言危亡之戒大王不說（師古曰說讀曰悅）夫國之存亡豈在臣言哉願王內自揆度（師古曰度音徒）

各反大王誦詩三百五篇人事浹王道備師古曰浹徹也音子牒反王之所行中詩一篇何等也師古曰言王所行皆不合法度王自謂當於何詩之文也中音竹仲反大王位爲諸侯王行汙於庶人師古曰汙濁也以存難以亡易宜深察之後又血汙王坐席王問遂遂叫然號曰宮空不久祅祥數至血者陰憂象也宜畏慎自省賀終不改節居無何徵既即位後王夢青蠅之矢積西階東可五六石以屋版瓦覆師古曰版瓦大瓦也發視之青蠅矢也以問遂遂曰陛下之詩不云乎蘇林曰猶言陛下所讀之詩也營營青蠅至于藩愷悌君子毋信讒言師古曰已解於上陛下左側讒人衆多如是青蠅惡矣師古曰惡即矢也越王句踐爲吳王嘗惡亦其義也宜進先帝大臣子孫親近以爲左右如不忍昌邑故人師古曰如若也不忍謂不能疏遠也信用讒諛必有凶咎願詭禍爲福師古曰詭猶反皆放逐之臣當先逐矣賀不用其言卒至於廢

贊曰巫蠱之禍豈不哀哉此不惟一江充之辜亦有天時非人力所致焉建元六年蚩尤之旗見其長竟天後遂命將出征略取河南建置朔方其春戾太子生○劉奉世曰按武紀建元六年長星見更元光至元朔元年春戾太子始生贊殊爲乖誤自是之後師行三十年兵所誅屠夷滅死者不可勝數及巫蠱事起京師流血僵尸數萬師古曰僵偃也音居羊反太子子父皆敗故太子生長於兵與之終始何獨一嬖臣哉秦始皇即位三十九年內平六國外攘四夷死人如亂麻暴骨長城之下頭盧相屬於道師古曰盧頟骨也屬連也音之欲反不一日而無兵由是山東之難興四方潰而逆秦秦將吏外畔○宋祁曰一本無下秦字賊臣內發亂作蕭牆禍成二世師古曰蕭牆謂屏牆也解在五行志故曰兵猶火也弗戢必自焚師古曰左傳隱四年衛有州吁之亂公問於衆仲曰州吁其成乎對曰兵猶火也不戢將自焚也言兵不可妄動久而不戢則自焚燒戢斂也信矣是以倉頡作書止戈爲武師古曰武字從止從戈所謂會意聖人以武禁暴整亂止息兵戈非以爲殘而興縱之也易曰天之所助者順也人之所助者信也君子履信思順自天祐之吉無不利也師古曰易上繫辭也故車千秋指明蠱情章太子之冤千秋材知未必能過人也以其銷惡運遏亂原師古曰遏止也音一曷反因衰激極道迎善氣師古曰激去至極之災引致福善之氣也[illegible]傳得天人之祐助云師古曰傳引也

也　昌邑王賀傳徵王乘七乘傳○胡三省曰文帝之入立也乘六乘傳今乘七乘傳　嘗見白犬高三尺無頭○通鑑考異曰傳云無頭五行志云無尾且云不得置後之象傳誤也　臣敏故知執金吾嚴延年字長孫○臣召南按此嚴延年即公卿表地節三年所書之執金吾延年與酷吏傳嚴延年字次卿者不同

前漢書卷六十四上考證

以相別也師古曰進者皇孫名武帝末衛后寵衰江充用事充與太子及衛氏有隙師古曰充爲直指使者劾太子家車行馳道上沒入車馬太子求充充不聽也恐上晏駕後爲太
子所誅會巫蠱事起充因此爲姦是時上春秋高意多所惡以爲左右皆爲蠱道祝詛窮治其事丞相公孫賀父子陽石諸邑
公主師古曰兩公主及皇后弟子長平侯衛伉皆坐誅師古曰伉音抗又音剛語在公孫賀江充傳充典治巫蠱既知上意白言宮中有蠱氣入
宮至省中壞御座掘地上使按道侯韓說御史章贛黃門蘇文等助充師古曰說讀曰悅贛音貢充遂至太子宮掘蠱得桐木人時上疾辟
暑甘泉宮師古曰辟讀曰避獨皇后太子在師古曰在京師太子召問少傅石德師古曰石慶子德懼爲師傅并誅因謂太子曰前丞相父子兩公主
及衛氏皆坐此今巫與使者掘地得徵驗不知巫置之邪將實有也無以自明可矯以節收捕充等繫獄師古曰矯託也託詔命也窮治其
姦詐且上疾在甘泉皇后及家吏請問皆不報蘇林曰家吏皇后吏也臣瓚曰太子稱家家吏是太子吏也師古曰既言皇后及家吏此爲皇后吏及太子吏耳瓚說是也上存亡未可知
而姦臣如此太子將不念秦扶蘇事耶韋昭曰始皇死趙高詐殺扶蘇而立胡亥也太子急然德言征和二年七月壬午乃使客爲使者收捕充等
按道侯說疑使者有詐不肯受詔客格殺說御史章贛被創突亡自歸甘泉太子使舍人無且師古曰且音子閭反持節夜入未央宮殿
長秋門因長御倚華鄭氏曰長音長者如淳曰漢儀注女長御比侍中見婕妤以下長御稱謝倚華字也師古曰倚音於綺反具白皇后發中廄車載射士師古曰中廄皇后車馬所在也出武
庫兵發長樂宮衛告令百官曰江充反廼斬充以狗炙胡巫上林中服虔曰作巫蠱之胡人也炙燒也師古曰胡巫受充意指妄作蠱狀太子特忿且欲得其情實故以火炙之令毒痛耳
遂部賓客爲將率與丞相劉屈氂等戰長安中擾亂言太子反以故衆不肯附太子兵敗亡不得師古曰太子出亡而吏追捕不得也○宋不肯
壽爲邗侯韋昭曰邗在河內師古曰爲其解救太子也邗音于張富昌爲題侯孟康曰縣名也晉灼曰地理志無也功臣表食邑鉅鹿師古曰晉說是也久之巫蠱事多不信上知太子惶恐
無他意而車千秋復訟太子冤上遂擢千秋爲丞相而族滅江充家焚蘇文於橫橋上孟康曰橫音光師古曰即橫門渭橋也及泉鳩里加兵刃
於太子者初爲北地太守後族上憐太子無辜乃作思子宮爲歸來望思之臺於湖師古曰言已望而思之庶太子之魂來歸也其臺在今湖城縣之西閿鄉之東基趾
猶存天下聞而悲之初太子有三男一女女者平輿侯嗣子尚焉及太子敗皆同時遇害衛后史良娣葬長安城南史皇孫皇孫

祠

宗教

前漢書卷六十三

武五子傳第三十三

師古曰諸帝子傳皆言王而此獨云子者以戾太子在其中也

孝武皇帝六男衛皇后生戾太子趙倢伃生孝昭帝王夫人生齊懷王閎師古曰閎音宏李姬生燕剌王旦廣陵厲王胥師古曰不知官秩故云李姬諡法暴戾無親曰剌剌音來葛反李夫人生昌邑哀王髆師古曰髆音博

戾太子據元狩元年立爲皇太子年七歲矣初上年二十九乃得太子甚喜爲立禖師古曰禖求子之神也解在枚皋傳使東方朔枚皋作禖祝師古曰禖祝禖之祝辭

太史公曰學者多言無鬼神然言有物【索隱】物謂精恠及藥物也至如留侯所見老父予書亦可怪矣【索隱】詩緯云風后黃帝師又化為老子以書授張良亦從化為黃石亦異說耳高祖離困者數矣而留侯常有功力焉豈可謂非天乎上曰夫運籌策帷帳之中決勝千里外吾不如子房余以

贊曰聞張良之智勇以為其貌魁梧奇偉應劭曰魁梧丘虛壯大之意也蘇林曰梧音悟師古曰魁大貌也梧者言其可驚悟今人讀為吾非也反若婦人女子故孔子稱以貌取人失之子羽師古曰子羽孔子弟子澹臺滅明字貌惡而行善故云然也學者多疑於鬼神師古曰謂無鬼神之事也如良受書老父亦異矣高祖數離困阨良常有力師古

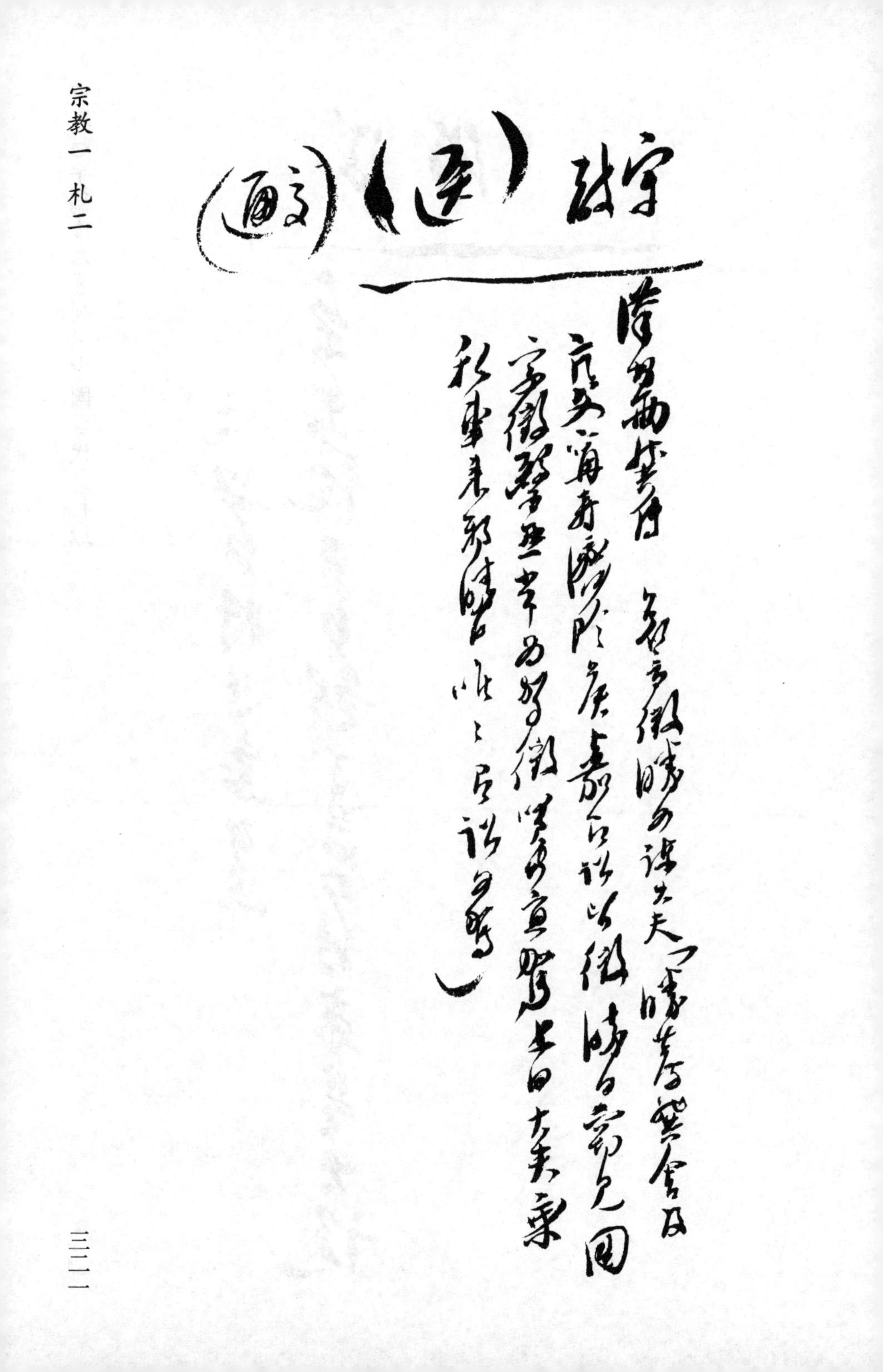

# 學術

歸入郢楚子所謂善敗不亡者也若秦因四世之勝據河山之阻任用白起王翦豺狼之徒奮其爪牙禽獵六國以并天下師古曰言如獵之取獸窮武極詐士民不附卒隸之徒還爲敵讎師古曰謂陳勝吳廣英布之徒也猋起雲合果共軋之師古曰猋疾風也如猋之起言其速也如雲之合言其盛也猋音必遙反斯爲下矣凡兵所以存亡繼絕救亂除害也故伊呂之將子孫有國與商周並師古曰言其同盛衰也至於末世苟任詐力以快貪殘爭城殺人盈城爭地殺人滿野孫吳商白之徒皆身誅戮於前而國滅亡於後師古曰孫武孫臏吳起商鞅白起也報應之勢各以類至其道然矣漢興高祖躬神武之材行寬仁之厚總擥英雄以誅秦項任蕭曹之文用良平之謀騁陸酈之辯明叔孫通之儀文武相配大略

事起初莽欲擅權白太后前哀帝立背恩義自貴外家丁傅撓亂國家幾危社稷師古曰撓擾也音女高反幾音巨依反今帝以幼年復奉大宗爲成帝後宜明一統之義以戒前事爲後代法於是遣甄豐奉璽綬即拜帝母衛姬爲中山孝王后賜帝舅衛寶寶弟玄爵關內侯皆留中山不得至京師莽子宇非莽隔絕衛氏恐帝長大後見怨宇即私遣人與寶等通書教令帝母上書求入語在衛后傳莽不聽宇與師吳章及婦兄呂寬議其故章以爲莽不可諫而好鬼神可爲變怪以驚懼之章因推類說令歸政於衛氏宇即使寬夜持血灑莽第門吏發覺之莽執宇送獄飲藥死宇妻焉懷子師古曰焉其名繫獄須產子已殺之師古曰須待也莽奏言宇爲呂寬等所詿誤流言惑衆惡與管蔡同罪宋祁曰越本邵本無惡字臣不敢隱其誅甄邯等白太后下詔曰夫唐堯有丹朱周文王有管蔡此皆上聖亡奈下愚子何以其性不可移也公居周公之位輔成王之主而行管蔡之誅不以親親害尊尊朕甚嘉之昔周公誅四國之後大化乃成至於刑錯師古曰四國謂三監及淮夷耳公其專意翼國期於致平師古曰翼助也莽因是誅滅衛氏窮治呂寬之獄連引郡國豪桀素非議己者內及敬武公主師古曰元帝女弟也梁王立紅陽侯立平阿侯仁使者迫守皆自殺死者以百數海內震焉大司馬

太微熒惑地如月光成紀隗崔兄弟共劫大尹李育師古曰成紀隴西之縣以兄子隗囂爲大將軍攻殺雍州牧陳慶安定卒正王旬并其衆移書郡縣數莽罪惡萬於桀紂是月析人鄧曄于匡起兵南鄉百餘人師古曰析南陽之縣南鄉析縣之鄉名析音先歷反時析宰將兵數千屯鄡亭備武關師古曰鄡音口堯反曄匡謂宰曰劉帝已立君何不知命也宰請降盡得其衆曄自稱輔漢左將軍匡右將軍拔析丹水攻武關都尉朱萌降進攻右隊大夫宋綱殺之西拔湖師古曰湖弘農之縣也本屬京兆莽愈憂不知所出崔發言周禮及春秋左氏國有大災則哭以厭之師古曰周禮春官之屬女巫氏之職曰凡邦之大災歌哭而請哭者所以告哀也春秋左氏傳宣十二年楚子圍鄭旬有七日鄭人卜行成不吉卜臨于大宮且巷出車吉國人大臨守陴者皆哭故發引之以爲言也厭音一葉反故易稱先號咷而後笑師古曰同人九五爻辭號咷哭也咷音逃宜呼嗟告天以求救莽自知敗迺率羣臣至南郊陳其符命本末仰天曰皇天既命授臣莽何不殄滅衆賊即令臣莽非是願下雷霆誅臣莽因搏心大哭氣盡伏而叩頭又作告天策自陳功勞千餘言諸生小民會旦夕哭爲設飧粥師古曰飧古飡字音千安反甚悲哀及能誦策文者除以爲郎至五千餘人𧯷惲將領之莽拜將軍九人皆以虎爲

之罰云遂不改寤四年而死師古曰莊公三十二年薨距大水無麥禾凡四歲也禍流二世師古曰謂子般及閔公皆殺死奢淫之患也

傳曰好戰攻輕百姓飾城郭侵邊境則金不從革說曰金西方萬物既成殺氣之始也故立秋而鷹隼擊秋分而微霜降其於王事出軍行師把旄杖鉞誓士衆抗威武所以征畔逆止暴亂也詩云有虔秉鉞如火烈烈師古曰商頌長發之詩也虔固也此美殷湯興師出征固持其鉞以誅有罪威力猛盛如火熾烈又曰載戢干戈載櫜弓矢師古曰周頌時邁之詩也戢聚也櫜韜也言天下太平兵不復用故戢斂而韜藏也動靜應誼說以犯難民忘其死師古曰言以和悅使人雖犯危難不顧其生也易兌卦彖曰說以犯難人忘其死敵引之也說讀曰悅如此則金得其性矣若迺貪欲恣睢師古曰睢音呼季反務立威勝不重民命則金失其性蓋工冶鑄金鐵金鐵冰滯涸堅不成者衆師古曰涸讀與冱同冱凝也音下故反春秋左氏傳曰固陰冱寒○劉攽曰冰音凝及爲變怪是爲金不從革左氏傳曰昭公八年春石言於晉晉平公問於師曠師古曰晉掌樂大夫對曰石不能言神或馮焉作事不時怨讟動於民師古曰讟痛怨之言也音讀則有非言之物而言今宮室崇侈民力彫盡怨讟並興莫信其性師古曰信猶保也性生也一說信讀曰申言不得申其性命也石之言不亦宜乎於是晉侯方築虒祁之宮師古曰虒祁地在絳西臨汾水虒音斯叔向曰君子之言信而有徵師古曰叔向晉大夫羊舌肸也劉歆以爲金石同類是爲金不從革失其性也劉向以爲石白色爲主屬白祥成帝鴻嘉三年五月乙亥天水冀南山大石鳴師古曰天水之冀縣南山也聲隆隆如雷有頃止聞平襄二百四十里韋昭曰天水縣壄雞皆鳴師古曰雉也石長丈三尺廣厚略等師古曰廣及厚皆如其長旁著岸脅去地二百餘丈民俗名曰石鼓石鼓鳴有兵是歲廣漢鉗子謀攻牢師古曰鉗子謂鉗徒也牢繫重囚之處篡死辠四鄭躬等盜庫兵劫略吏民衣繡衣自號曰山君黨與寖廣明年冬迺伏誅自歸者三千餘人後四年尉氏樊並等謀反殺陳留太守嚴普自稱將軍山陽亡徒蘇令等黨與數百人盜取庫兵經歷郡國四十餘皆踰年迺伏誅是時起昌陵作者數萬人徙郡國吏民五千餘戶以奉陵邑作治五年不成乃罷昌陵還徙家師古曰初徙人陪昌陵者令皆還其本居石鳴與晉石言同應師曠所謂民力彫盡傳云輕百姓者也虒祁離宮去絳都四十里昌陵亦在郊壄皆與城郭同占城郭屬金宮室屬土外內之別云

傳曰簡宗廟不禱祠廢祭祀逆天時則水不潤下說曰水北方終臧萬物者也其於人道命終而形臧精神放越聖人爲之宗廟以收魂氣春秋祭祀以終孝道王者即位必郊祀天地禱祈神祇望秩山川懷柔百神亡不宗事師古曰懷來也柔安也謂招來而祭祀之使其安也宗尊也慎其齊戒致其嚴敬鬼神歆饗多獲福助此聖王所以順事陰氣和神人也至發號施令亦奉天時十二月咸得其氣則陰陽調而終始成如此則水得其性矣若迺不敬鬼神政令逆時則水失其性霧水暴出百川逆溢壞鄉邑溺人民及淫雨傷稼穡是爲水不潤下京房易傳曰顓事有知誅罰絕理厥災水其水也雨殺人以隕霜大風天黃饑而不損茲謂泰厥災水水殺人辟過有德茲謂狂應劭曰辟天子也有德者遏不見用也厥災水水流殺人已水則地生蟲歸獄不解茲謂追非李奇曰歸罪過於民不罪已也張晏曰謂釋有罪之人而歸無辜者也解止也追非遂非也厥水寒殺人追誅不解茲謂不理厥水五穀不收大敗不解茲謂皆陰解舍也王者於大敗誅首惡赦其

兒兩頭異頸面相鄉四臂共匈俱前鄉師古曰鄉讀曰嚮凥上有目長二寸所京房易傳曰睽孤見豕負塗師古曰易睽卦上九爻辭也睽孤乖剌之意也塗泥也睽音苦攜反厥妖人生兩頭下相攘善妖亦同人若六畜首目在下茲謂亡上正將變更凡妖之作以譴失正各象其類二首下不壹也足多所任邪也足少下不勝任或不任下也凡下體生於上不敬也上體生於下媟瀆也生非其類淫亂也人生而大上速成也生而能言好虛也羣妖推此類不改乃成凶也景帝二年九月膠東下密人年七十餘生角角有毛時膠東膠西濟南齊四王有舉兵反謀謀由吳王濞起連楚趙凡七國下密縣居四齊之中師古曰四齊即上所云膠東膠西濟南齊也本皆齊地故謂之四齊角兵象上鄉者也老人吳王象也年七十七國象也天戒若曰人不當生角猶諸侯不當舉兵以鄉京師也禍從老人生七國俱敗云諸侯不寤明年吳王先起諸侯從之七國俱滅京房易傳曰冢宰專政厥妖人生角成帝建始三年十月丁未京師相驚言大水至渭水虒上小女陳持弓年九歲師古曰虒上地名也音斯走入橫城門入未央宮尚方掖門殿門門衛戶者莫見至句盾禁中而覺得師古曰句盾少府之署覺得事覺而見執得也民以水相驚者陰氣盛也小女而入宮殿中者下人將因女寵而居有宮室之象也名曰持弓有似周家檿弧之祥易曰弧矢之利以威天下師古曰下繫之辭也是時帝母王太后弟鳳始為上將秉國政天知其後將威天下而入宮室故象先見也其後王氏兄弟父子五侯秉權至莽卒篡天下蓋陳氏之後云京房易傳曰妖言動衆茲謂不信路將亡人司馬死成帝綏和二年八月庚申鄭通里男子王褒師古曰鄭縣之通里衣絳衣小冠帶劒入北司馬門殿東門師古曰入北司馬門又入殿之東門也上前殿入非常室中如淳曰殿上室名解帷組結佩之師古曰組綬類所以係帷又垂以為飾也佩帶之招前殿署長業等曰天帝令我居此業等收縛考問褒故公車大誰卒應劭曰在司馬殿門掌讙呵者也服虔曰衛士之師也著樊噲冠師古曰大誰者主問非常之人云姓名是誰也而應氏乃以讙譁為義云大讙呵不當厥理後之學者輒改此書誰字為讙違本文矣大誰本以誰何稱因用名官有大誰長今此卒者長所領士卒也病狂易師古曰謂病狂而變易其常也不自知入宮狀下獄死是時王莽為大司馬哀帝即位莽乞骸骨就第天知其必不退故因是而見象也姓名章服甚明徑上前殿路寢入室取組而佩之稱天帝命然時人莫察後莽就國天下冤之哀帝徵莽還京師明年帝崩莽復為大司馬因是而篡國哀帝建平四年正月民驚走持稾或掫一枚如淳曰掫麻幹也師古曰稾禾稈也音工老反掫音鄒又音側九反傳相付與曰行詔籌道中相過逢多至千數或被髮徒踐師古曰徒踐謂徒跣也或夜折關或踰牆入或乘車騎奔馳以置驛傳行經歷郡國二十六至京師其夏京師郡國民聚會里巷仟陌設祭張博具師古曰博戲之具歌舞祠西王母又傳書曰母告百姓佩此書者不死不信我言視門樞下當有白髮師古曰樞門扇所由開閉者也至秋止是時帝祖母傅太后驕與政事師古曰與讀曰豫故杜鄴對曰春秋災異以指象為言語籌所以紀數民陰水類也水以東流為順走而西行反類逆上象數度放溢妄以相予違忤民心之應也西王母婦人之稱博弈男子之事於街巷仟陌明離闑內師古曰闑門橛也音魚列反與疆外師古曰與讀曰預臨事盤樂炕陽之意白髮衰年之象體尊性弱難理易亂門人之所由樞其要也居人之所由制持其要也其明甚著今外家丁傅並侍帷幄布於列位有罪惡者不坐辜罰亡功能者畢受官爵皇甫

陰也一曰上失中則下彊盛而蔽君明也易曰亢龍有悔貴而亡位高而亡民賢人在下位而亡輔（師古曰乾上九文言也）如此則君有南面之尊而亡一人之助故其極弱也盛陽動進輕疾（服虔曰陽行輕且疾也）禮春而大射以順陽氣（韋昭曰將祭與群臣射謂之大射）上微弱則下奮動故有射妖易曰雲從龍（師古曰乾九五文言）又曰龍蛇之蟄以存身也（師古曰下繫辭也）陰氣動故有龍蛇之孽於易乾為君為馬馬任用而彊力君氣毀故有馬禍一曰馬多死及為怪亦是也君亂且弱人之所叛天之所去不有明王之誅則有篡弒之禍故有下人伐上之痾凡君道傷者病天氣不言五行沴天而曰日月亂行星辰逆行者為若下不敢沴天猶春秋曰王師敗績于貿戎不言敗之者以自敗為文尊尊之意也劉歆皇極傳曰有下體生上之痾說以為下人伐上天誅已成不得復為痾云皇極之常陰劉向以為春秋亡其應一曰久陰不雨是也劉歆以為自屬常陰昭帝元平元年四月崩亡嗣立昌邑王賀賀即位天陰晝夜不見日月賀欲出光祿大夫夏侯勝當車諫曰天久陰而不雨臣下有謀上者陛下欲何之賀怒縛勝以屬吏吏白大將軍霍光光時與車騎將軍張安世謀欲廢賀光讓安世以為泄語安世實不泄召問勝勝上洪範五行傳曰皇之不極厥罰常陰時則有下人伐上不敢察察言（臣瓚曰不敢察察明言之）故云臣下有謀光安世讀之大驚以此益重經術士後數日卒共廢賀此常陰之明效也京房易傳曰有蜺蒙霧霧上下合也蒙如塵雲蜺日旁氣也其占曰后妃有專蜺再重赤而專至衝旱（孟康曰專員也若五月再重赤而員至十一月）妻不壹順黑蜺四背又白蜺雙出日中妻以貴高夫茲謂擅陽蜺四方日光不陽解而溫（服虔曰蒙氣解而溫）內取茲謂禽（服虔曰入君內淫於骨肉也師古曰取如禮記聚麀之聚）蜺如禽在日旁以尊降妃茲謂薄嗣蜺直而塞六辰迺除夜星見而赤（韋昭曰六辰謂從卯至申）女不變始茲謂乘夫（孟康曰始貴高於夫終行此不變也）蜺白在日側黑蜺果之氣正直（師古曰果謂于之也）妻不順正茲謂擅陽蜺中窺貫而外專夫妻不嚴茲謂媟（韋昭曰媟言嬻慢也師古曰音先列反）蜺與日會婦人擅國茲謂頃（師古曰頃讀曰傾）蜺白貫日中赤蜺四背（服虔曰蜺背日）適不荅茲謂不次（服虔曰言適妻不見荅也臣瓚曰夫不接妻為不荅師古曰適讀曰嫡荅報也言妻有承順之心不見報荅也一曰荅對也言不以恩意接對之）蜺直在左蜺交在右取於不專茲謂危嗣蜺抱日兩未及君淫外茲謂亡蜺氣左日交於外取不達茲謂不知蜺白奪明而大溫溫而雨（師古曰取讀曰聚）尊卑不別茲謂媟蜺三出三已三辰除（韋昭曰若從寅至辰也蜺且見西晏則雨）除則日出且雨臣私祿及親茲謂罔辟（韋昭曰辟君也）厥異蒙其蒙先大溫已蒙起日不見行善不請於上茲謂作福蒙一日五起五解辟不下謀臣辟異道茲謂不見上蒙下霧風三變而俱解立嗣子疑茲謂動欲蒙赤日不明德不序茲謂不聽蒙日不明溫而民病德不試空言祿（師古曰試用也）茲謂主窳臣夭（孟康曰謂君懦窳用人不以次第為夭也師古曰窳音庾）蒙起而白君樂逸人茲謂放蒙日青黑雲夾日左右前後行過日公不任職茲謂怙祿蒙三日又大風五日蒙不解利邪以食茲謂閉上蒙大起白雲如山行蔽日公懼不言道茲謂閉下蒙大起日不見若雨不雨至十二日解而有大雲蔽日祿生於下茲謂誣君蒙微而小雨已乃大雨下相攘善茲謂盜明蒙黃濁下陳功求於上茲謂不知蒙微而赤風鳴條解復蒙下專刑茲謂分威蒙而日不得明大臣厭小臣茲謂蔽蒙微日不

祭祀

華舉重者也陰成陽事象臣顓君作威福一曰冬當殺反生象驕臣當誅不行其罰也故冬華華者象臣邪謀有端而不成至於實則成矣是時僖公死公子遂顓權文公不寤後有子赤之變一曰君舒緩甚奧氣不臧則華實復生董仲舒以爲李梅實臣下彊也記曰不當華而華易大夫不當實而實易相室應劭曰冬水王木相故象大臣冬實者變置丞相與宮室也但華則變大夫也師古曰相室猶言相國謂宰相也故言相室相室者相王室也冬水王木相故象大臣劉歆以爲庶徵皆以蟲爲孽思心蠃蟲孽也李梅實屬草妖惠帝五年十月桃李華棗實昭帝時上林苑中大柳樹斷仆地一朝起立生枝葉有蟲食其葉成文字曰公孫病已立又昌邑王國社有枯樹復生枝葉眭孟以爲木陰類下民象當有故廢之家公孫氏從民間受命爲天子者昭帝富於春秋霍光秉政以孟妖言誅之後昭帝崩無子徵昌邑王賀嗣位狂亂失道光廢之更立昭帝兄衛太子之孫是爲宣帝帝本名病已京房易傳曰枯楊生稊師古曰大過九二爻辭也稊楊秀之始生者音徒奚反枯木復生人君亡子元帝初元四年皇后曾祖父濟南東平陵王伯墓門梓柱卒生枝葉上出屋孟康曰王伯莽之祖也師古曰莽高祖父也故下云高祖考卒讀曰猝猝暴也劉向以爲王氏貴盛將代漢家之象也後王莽篡位自說之曰初元四年莽生之歲也當漢九世火德之厄而有此祥興於高祖考之門門爲開通梓猶子也言王氏當有賢子開通祖統起於柱石大臣之位受命而王之符也建昭五年兗州刺史浩賞禁民私所自立社張晏曰民間三月九月又社號曰私社臣瓚曰舊制二十五家爲一社而民或十家五家共爲田社是私社師古曰瓚說是山陽橐茅鄉社有大槐樹師古曰橐縣名也屬山陽郡茅鄉橐縣之鄉也橐音拓吏伐斷之其夜樹復立其故處成帝永始元年二月河南街郵樗樹生支如人頭師古曰郵謂行書之舍樗樹似椿樗音丑余反椿音丑倫反眉目須皆具亡髮耳哀帝建平三年十月汝南西平遂陽鄉柱仆地生支如人形身青黃色面白頭有顏髮稍長大凡長六寸一分京房易傳曰王德衰下人將起則有木生爲人狀哀帝建平三年零陵有樹僵地師古曰僵偃也圍丈六尺長十丈七尺民斷其本長九尺餘皆枯三月樹卒自立故處師古曰卒讀曰猝京房易傳曰棄正作淫厥妖木斷自屬師古曰屬連續也妃后有顓木仆反立斷枯復生師古曰顓謂專寵天辟惡之如淳曰天辟謂天子也元帝永光二年八月天雨草而葉相樛結大如彈丸師古曰樛繞也樛音居虯反平帝元始三年正月天雨草狀如永光時京房易傳曰君吝於祿信衰賢去厥妖天雨草昭公二十五年夏有鸜鵒來巢劉歆以爲羽蟲之孽其色黑又黑祥也視不明聽不聰之罰也劉向以爲有蜚有蜮不言來者氣所生所謂眚也師古曰此蜚謂負蠜也其爲蟲臭惡蜮短弧即今所謂水弩也隱元年有蜚莊十八年有蜮蜚音翡蠜音煩蜮音域蜚亦作蠜其音同耳鸜鵒言來者氣所致所謂祥也鸜鵒夷狄穴藏之禽來至中國不穴而巢陰居陽位師古曰今之鸜鵒中國皆有據周官而言但不踰濟水耳左氏以爲魯所常無故異而書之而此云夷狄禽未喻其意又此鳥本亦巢居不皆穴處也書巢者著其居止字乳不即去也象季氏將逐昭公去宮室而居外野也鸜鵒白羽旱之祥也穴居而好水黑色爲主急之應也天戒若曰既失衆不可急暴急暴陰將持節陽以逐爾去宮室而居外野矣昭不寤而舉兵圍季氏爲季氏所敗出犇于齊遂死于外野董仲舒指略同景帝三年十一月有白頸烏與黑烏羣鬬楚國呂縣白頸不勝墮泗水中死者數千劉向以爲近白黑祥也時楚王戊暴逆無道師古曰戊楚元王之孫也刑辱申公與吳王謀反烏羣鬬者師戰之象也白頸

符四年四月長星又出西北是時伐胡尤甚元封元年五月有星孛于東井又孛于三台其後江充作亂京師紛然此明東井三台爲秦地效也宣帝地節元年正月有星孛于西方去太白二丈所劉向以爲太白爲大將彗孛加之掃滅象也明年大將軍霍光薨後二年家夷滅成帝建始元年正月有星孛于營室青白色長六七丈廣尺餘劉向谷永以爲營室爲後宮懷姙之象彗星加之將有害懷姙絕繼嗣者一曰後宮將受害也其後許皇后坐祝詛後宮懷姙者廢趙皇后立妹爲昭儀害兩皇子上遂無嗣趙后姊妹卒皆伏辜元延元年七月辛未有星孛[illegible]東井踐五諸侯孟康曰五諸侯星名出河戍北率行軒轅太微後日六度有餘晨出東方十三日夕見西方犯次妃長秋斗填蠭[illegible]宮中大火當後達天河除於妃后之域南逝度犯大角攝提至天市而按節徐行服虔曰謂行遲炎入市中旬而後西[illegible]伏谷永對曰上古以來大亂之極所希有也察其馳騁驟步[illegible]或長或短所歷奸犯師古曰奸音干內爲後宮[illegible]叛逆之禍劉向亦曰三代之亡攝提易方秦項之滅星孛大角是歲趙昭儀害兩皇子後五年成帝崩昭[illegible]趙氏皆免官爵徙遼西哀帝亡嗣平帝即位王莽用事追廢成帝趙皇后哀帝傅皇后皆自殺外家丁傅皆免官爵徙合浦歸故郡平帝亡嗣莽遂篡國釐公十六年正月戊申朔隕石于宋五是月六鶂退飛過宋都董仲舒劉向以爲象宋襄公欲行伯道將自敗之戒也石陰類五陽數自上而隕此陰而陽行欲高反下也石與金同類色以白爲主近白祥也鶂水鳥六陰數退飛欲進反退也其色青青祥也屬於貌之不恭天戒若曰德薄國小勿持炕陽欲長諸侯與彊大爭必受其害襄公不寤明年齊桓死伐齊喪師古曰僖十七年齊桓公卒十八年宋襄公以諸侯伐齊執滕子圍曹師古曰十九年三月宋人執滕子嬰齊秋宋人圍曹爲盂之會與楚爭盟卒爲所執後得反國師古曰二十一年春爲鹿上之盟秋會于盂於是楚執宋公以伐宋冬會于薄以釋之鹿上盂薄皆宋地不悔過自責復會諸侯伐鄭與楚戰于泓軍敗身傷爲諸侯笑師古曰二十二年夏宋公衛侯許男滕子伐鄭十一月宋公及楚人戰於泓宋師敗績公傷股門官殲焉二十三年卒傷於泓故也泓水名也音於宏反左氏傳曰隕石星也鶂退飛風也宋襄公以問周內史叔興曰是何祥也吉凶何在對曰今茲魯多大喪明年齊有亂師古曰今茲謂此年君將得諸侯而不終退而告人曰是陰陽之事非吉凶之所生也吉凶繇人吾不敢逆君故也是歲魯公子季友鄫季姬公孫茲皆卒師古曰僖十六年三月公子季友卒四月鄫季姬卒七月公孫茲卒季姬魯女適鄫者也公孫茲叔孫戴伯也明年齊桓死適庶亂宋襄公伐齊行伯卒爲楚所敗劉歆以爲是歲歲在壽星其衝降婁師古曰降音胡江反降婁魯分壄也故爲魯多大喪正月日在星紀厭在玄枵玄枵齊分壄也石山物齊大嶽後師古曰齊姜姓也其先爲堯之四嶽四嶽分掌四方諸侯五石象齊桓卒而五公子作亂師古曰五公子謂無虧也元也昭也潘也商人也故爲明年齊有亂庶民惟星隕於宋象宋襄將得諸侯之衆而治五公子之亂星隕而鶂退飛故爲得諸侯而不終六鶂象後六年伯業始退執於盂也民反德爲亂亂則妖災生言吉凶繇人然后陰陽衝厭受其咎齊魯之災非君所致故曰吾不敢逆君故也京房易傳曰距諫自彊茲謂郤行厥異鶂退飛適當黜則鶂退飛師古曰適讀曰謫惠帝三年隕石緜諸壹師古曰緜諸道也屬天水郡也武帝征和四年二月丁

食飼人也父本請飲呂后因餔之國語云國中童子無不餔老父相呂后曰夫人天下貴人令相兩子見孝惠曰夫人所以貴者乃此男也相魯元亦皆貴老父已去高祖適從旁舍來呂后具言客有過相我子母皆大貴高祖問曰未遠乃追及問老父老父曰鄉者夫人嬰兒皆似君君相貴不可言高祖乃謝曰誠如父言不敢忘德及高祖貴遂不知老父處

高祖以亭長爲縣送徒酈山徒多道亡自度比至皆亡之[正義]度田洛反比必寐反到豐西澤中止飲夜乃解縱所送徒曰公等皆去吾亦從此逝矣徒中壯士願從者十餘人高祖被酒[正義]被加也夜徑澤中[索隱]舊音經按廣雅云徑小道音古定反言酒後故徒夜徑行澤中不敢由正路且從小徑令一人行前[正義]行音下孟反行前者還報曰前有大蛇當徑[索隱]鄭玄云步道曰徑願還高祖醉曰壯士行何畏乃前拔劍擊斬蛇[索隱]漢舊儀云斬蛇劍長七尺又高祖云吾以布衣提三尺劍取天下二文不同者崔豹古今注當高祖爲亭長理應提三尺劍耳及貴當別得七尺寶劍故儀因言之[正義]按其蛇大理須別未是劍斬之三尺劍者常佩之劍括地志云斬蛇溝源出徐州豐縣中平地故老云高祖斬蛇處至縣西十五里入泡水也蛇遂分爲兩[索隱]謂斬蛇分爲兩段徑開行數里醉因臥後人來至蛇所有一老嫗夜哭人問何哭嫗曰人殺吾子故哭之人曰嫗子何爲見殺嫗曰吾子白帝子也化爲蛇當道今爲赤帝子斬之故哭[集解]應劭曰秦襄公自以居西戎主少昊之神作西畤祠白帝至獻公時櫟陽雨金以爲瑞又作畦畤祠白帝少昊金德也赤帝堯後謂漢也殺之者明漢當滅秦也秦自謂水漢初自謂土皆失之至光武乃改定[索隱]按太康地理志云畤在櫟陽故城內其時若畦故曰畦畤畦音戶圭反應劭云秦自謂水者按秦文公獲黑龍命祠爲德水是也又按春秋合誠圖云水神哭子襃姒以爲高祖斬白蛇而神母哭則此母水精也此皆謬說又注云至光武乃改者誤也漢爲火德秦爲金德與雨金及赤帝子之理合者也故哭人乃以嫗爲不誠欲笞之[集解]徐廣曰一作苦[索隱]說文云笞擊也漢書作苦謂欲困辱之嫗因忽不見後人至高祖覺[索隱]包愷伯莊音古孝反後人告高祖高祖乃心獨喜自負[集解]應劭曰負恃也[索隱][illegible]云自恃斬蛇事諸從者日益畏之秦始皇帝常曰東南有天子氣於是因東游以厭之[索隱]厭音一涉反又一冉反廣雅云厭鎮也高祖即自疑亡匿隱於芒碭山澤巖石之間[集解]徐廣曰芒今臨淮縣也碭縣在梁駰按應劭曰二縣之界有山澤之固故隱於其間也[正義]括地志云宋州碭山縣在州東一百五十里本漢碭縣也碭山在縣東呂后與人俱求常得之高祖怪問之呂后曰季所居上常有雲氣[正義]顏師古曰京房易飛候云何以知賢人隱四方常有大雲五色具而不雨其下有賢人隱矣故呂后望雲氣而得之故從往常得季高祖心喜沛中子弟或聞之多欲附者矣

以上各行

從西南來族羣人類似天以……

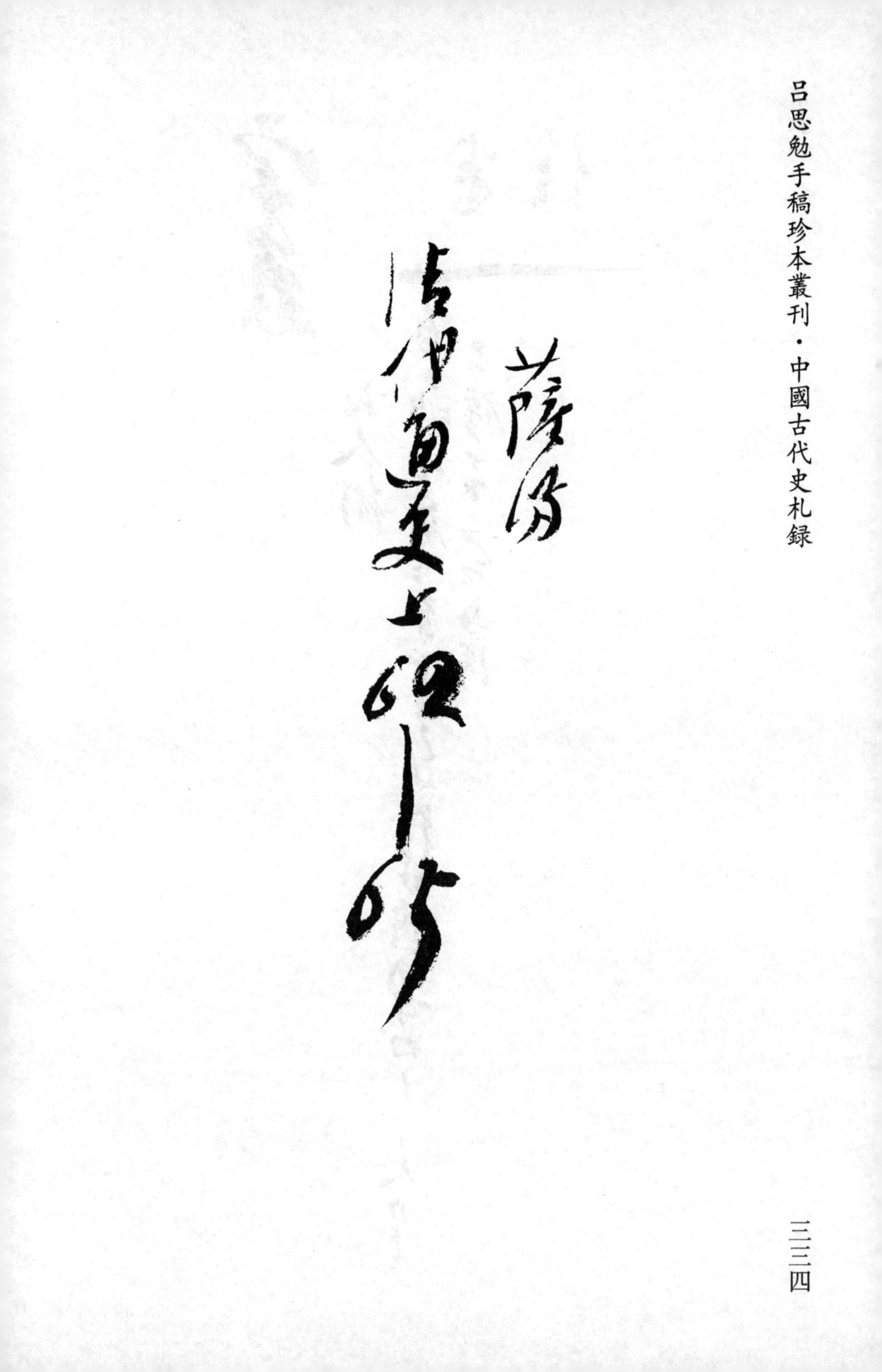